北大版汉语教学辅助用书

WISDOM IN COMMUNICATION
CASES AND ANALYSES OF
INTERNATIONAL CHINESE TEACHING AND
CLASSROOM MANAGEMENT

国际汉语课堂教学与管理案例及解析

〔美〕刘美如（Meiru LIU） 吕丽娜（Lina LU） 编著

北京大学出版社
PEKING UNIVERSITY PRESS

图书在版编目（CIP）数据

智在沟通：国际汉语课堂教学与管理案例及解析 /（美）刘美如，吕丽娜编著. — 北京：北京大学出版社，2017.6
 北大版汉语教学辅助用书
 ISBN 978-7-301-27617-4

Ⅰ. ①智… Ⅱ. ①刘… ②吕… Ⅲ. ①汉语—对外汉语教学—课堂教学—教学研究—中小学 Ⅳ. ①H195.3

中国版本图书馆CIP数据核字(2016)第237020号

书　　　名	智在沟通——国际汉语课堂教学与管理案例及解析 ZHI ZAI GOUTONG —— GUOJI HANYU KETANG JIAOXUE YU GUANLI ANLI JI JIEXI
著作责任者	〔美〕刘美如（Meiru LIU） 吕丽娜（Lina LU） 编著
责任编辑	任　蕾
标准书号	ISBN 978-7-301-27617-4
出版发行	北京大学出版社
地　　址	北京市海淀区成府路 205 号 100871
网　　址	http://www.pup.cn　新浪微博：@北京大学出版社
电子信箱	zpup@pup.cn
电　　话	邮购部 62752015　发行部 62750672　编辑部 62753374
印刷者	北京大学印刷厂
经销者	新华书店
	720 毫米 × 1020 毫米　16 开本　13.5 印张　191 千字 2017 年 6 月第 1 版　2017 年 6 月第 1 次印刷
定　　价	46.00 元

未经许可，不得以任何方式复制或抄袭本书之部分或全部内容。
版权所有，侵权必究
举报电话：010-62752024　电子信箱：fd@pup.pku.edu.cn
图书如有印装质量问题，请与出版部联系，电话：010-62756370

前 言

过去十多年，国际汉语教学迅猛发展，截止2016年12月，全球已经建立了511所孔子学院和1037个孔子课堂，分布在全球140个国家和地区，各类学员达210万人（刘延东，2016）。据前孔子学院总部总干事、国家汉办主任许琳介绍，截至2015年年底，美国有109所孔子学院，348个孔子课堂，派驻的汉语教师以及志愿者达到3200名。美国的汉语教学已经取得了巨大的成就，目前学习中文的中小学生达40万！这是国家汉办与美国大学理事会及亚洲协会三方合作的结果。另外，已有61个国家和欧盟已将汉语教学纳入国民教育体系，全球汉语学习者已达1亿人次，比10年前增长了3.3倍。全球孔子学院中外专业教师近3.4万人。中国国家汉办/孔子学院总部已向140个国家和地区派出中方专职院长、教师、志愿者1.55万人，有力地助推了"汉语热"，使海外开设中文项目的学校和选修中文课程的学生数量均呈现"井喷式"增长，中文热在全球持续发展，不断升温，形势喜人。

在海外，汉语热正从大学开设的孔子学院向中小学延伸，中文学习者出现了低龄化的趋势，越来越多开设在中小学的孔子课堂在全球范围内开设了中文课程。以欧美为例，进入中小学教授中文的汉语教师，特别是中国国家汉办公派访问教师和志愿者教师，大都经过严格考试筛选，很多具有三年以上教学经验和国内颁发的教师资格证。但经过一段时间的实地课堂教学，他们普遍认为，在海外中小学教授中文，最难的不是教授中文和中国文化课程的方法，而是课堂管理的方法，以及与同事、学生、家长进行有效沟通的能力和技巧。在海外中小学中文课堂上，如何有效管理学生、管理课堂，通过有效沟通、智慧沟通，化文化冲突为文化认同，从而提高课堂教学和管理等方面的技巧，是摆在教师面前的首要任务，更是一个走向成熟的高素质的海外汉语教师的标志。只有提高课堂教学质量，有效管理好课堂，师生之间及教师与学生家长之间的沟通顺畅，才能产生优质的教学，二者相辅相成，相得益彰。

在一定的场所中和一定的时间内，教师与学生一起凭借一定的教学材料，为达到一定的教学目标进行教学活动的场所，可以被定义为课堂。在课堂中，主体是老师和学生，所以课堂管理是指教师和学生通过计划、组织、领导、决策以及沟通等基本活动，充分挖掘课堂内各种教学因素的潜力，促进要素间的优化组合，从而有效地实现预定的教学目标、促进学生的发展（韩洁，2016）。因此，课堂管理的有效与否决定了教师的教学和指导的成功与失败。20世纪以来，教学的研究和改革成为一股世界性的潮流。而随着教学研究的进一步深化，人们开始以科学的态度与方法研究课堂教学和课堂管理及其技巧，以达到提高教学效率的目的。课堂管理是管理的一种特殊形式，课堂管理要想顺利、有效地进行，必须遵循一定的原则，并充分考虑到影响课堂教学的各种因素（邓世鹏，2003）。

国际汉学课堂教学和管理是教育教学中极为复杂的领域之一，其理论基础包括心理学、哲学、社会学和管理学等。它是一个由师生共同建立的、适宜课堂教学环境、保持师生之间及学生之间互动、促进课堂生长的历程，不仅关系到课堂教学质量，而且还影响学生的全面发展。国外中小学课堂管理的研究与发展始于20世纪60年代，至今已走过了半个世纪的发展历程，已经形成了多种流派和方法，其管理理念为"以人为本""民主平等"和"管理即教育"，其最终目标是"学生的全面发展"。

到目前为止，欧美课堂教学和管理的研究在世界上仍处于领先水平。国外的中文课堂如何实施课堂管理？如何与同事、所教学生和他们的家长进行有效沟通？如何避免因对任教国家特有的文化、政治、教育制度不了解而产生不必要的麻烦？欧美课堂中的教学及管理技巧在国际汉语课堂上是否适用？这些都是国际汉语教师者亟待解决的问题。

那么国际汉语课堂的现状是怎样的呢？以美国为例，美国教育注重培养学生的个性；美国的孩子自由，他们很少受束缚；美国的课堂开放，课内课外无界限，学习轻松活泼……但事实果真如此吗？其实也不尽然。无论在哪个国家，每个学生都有学习的权利，每个教师也有正常开展教学活动的权利。肩负这样的责任，海外本土老师和中国老师也同样会遇到困扰他们的问题，也有同样的纠结。因为在海外学校，学生们上课也喜欢吵闹，走神，跟前后左右的同学说话，被老师批评了，也会和老师对着干；他们也会忘记做作业，有时甚至编造很多不做作业、完不成作业的理由……所以，海外的老师也会批评学生上课擅自说话，也约学生谈话，也让学生留堂，也把问题学生送到校长办公室，也打电话联系家长，甚至暂停学生的学习，直至开除。他们所做的这一切，没有人非议，甚至很少有学生和家长向学区或校长告状。那么，为什么有些来自中国的老师却因此遇到一系列麻烦和问题呢？这是因为，海外的本土老师大多训练有素，他们一般在大学时就有系统地训练学习，工作后又经常有机会学习探讨课堂管理的经验方法（刚参加工作的教师会被要求参加很多规定的教育教学培训），一般很少有乱班现象；另一方面，海外本土老师善于抓住孩子们在不同年龄段的心理特点，上课时会给学生玩儿和开小差的时间，只不过经过老师的精心设计和准备，把语言交际活动带入学生玩儿和开小差的场景，既让学生满足了玩儿和开小差的"叛逆天性"，又让他们不"离谱"。这些看似轻而易举的课堂管理上的技能技巧，其实需要老师在备课时花相当工夫和心思用在"备学生"上面。

　　本书通过针对国际汉语课堂管理相关的40个实例解析及课堂教学和管理的技巧研究，分析课堂常规事务：

　　1. 课堂管理，包括课堂环境的管理、课堂秩序的管理、课堂活动的管理；

　　2. 教学管理，包括对学生的管理、教学目标管理、教学过程管理、教师管理等；

　　3. 有效沟通，包括教师与学生、家长、同事、校长和校董的沟通技能、技巧；

　　4. 文化冲突，包括教师处理由于中外文化差异而引起的文化冲突。

　　通过案例和分析，找出解决这些冲突的有效方法，总结出国际汉语课堂管理的特点，并回答困扰老师的课堂管理方面的诸多问题。通过还原并描述真实课堂场景,反思问题产生的缘由,从中外文化、教育制度、人文交流、人际交往等方面用对比的方式,深入探讨并详细解析隐藏在表象之下的深层原因,分析每个案例对教学的启示,提出建议和有效解决问题的参考方法,为对国际汉语课堂管理一头雾水、遇到问题无所适从的老师们提供借鉴和参考。

在国际汉语课堂上,如何有效管理学生、管理课堂,通过智慧高效的沟通,化文化冲突为文化认同,从而提高课堂教学和管理等方面的技巧,是摆在教师面前的首要任务。只有管理好课堂,才能产生优质的教学,二者相辅相成,相得益彰,这也是一个走向成熟的高素质的海外汉语教师的标志。

刘美如　吕丽娜
2017年春

目 录

第一章 课堂管理　　1

1. 开学第一天教什么？　　/2
2. 师生如何共同制订课堂纪律？　　/6
3. 如何合理实施课堂奖惩制度？　　/10
4. 惩罚措施失败了该怎么办？　　/14
5. 教室里嘈杂时，老师该不该扯开嗓门大喊"闭嘴""不要讲话"？　　/18
6. 上课时学生搞小动作或大声喧哗，中断老师讲课怎么办？　　/22
7. 课堂上师生发生冲突时，如何应对处理？　　/27
8. 教学效果与教师的外在形象无关吗？　　/31

第二章 教学管理　　37

9. 如何遵守国际汉语课堂教学礼仪？　　/38
10. 同一个班级里学生的水平参差不齐，如何因材施教？　　/44
11. 学生经常晚交或不交作业，导致分数低，怎么办？　　/48
12. 如何让学生参与课堂，避免出现空闲时间？　　/52
13. 如何在教学中做到以学生为中心，因材施教？　　/57
14. 教师如何在教学中减少被干扰、讲课被打断的次数？　　/62
15. 如何纠正学生的错误而又不伤害他们的自信心？　　/66
16. 教师该不该对学生进行物质奖励？　　/71
17. 给学生讲故事也要讲究方法吗？　　/75
18. 初级汉语教学阶段如何培养学生目的语的交际技能？　　/83
19. 中文阅读课是否可以先"学"后"教"？　　/88

20. 如何在AP中文课中运用文化体验教学模式？ /94
21. 小学低年级的科学课怎么上？ /100
22. 教师在课堂上出错儿怎么办？ /105
23. 老师为什么会被学生问"卡壳"呢？ /110

第三章 有效沟通 114

24. 家长会上需要公布学生的学习或考试成绩吗？ /115
25. 当家长听信学生的一面之词时，老师应该怎么办？ /119
26. 如何面对家长对其孩子学习成绩差、分数低的抱怨？ /124
27. 老师如何在课堂上控制自己的情绪，避免做出过激反应？ /129
28. 如何与不配合、"难搞定"的家长沟通？ /134
29. 鼓励鞭策学生的话语被误解为批评怎么办？ /139

第四章 文化冲突 144

30. 教师讲课时容易忽视中外文化差异怎么办？ /145
31. 学生不"尊师重道"怎么办？ /150
32. 如何面对与政治相关的敏感话题？ /155
33. 教师可以接受家长、学生送的礼物吗？ /160
34. 教师如何避免"祸从口出"？ /165
35. 学生挑战中国传统教育观念怎么办？ /170
36. 学生为何在中文课堂与在其他学科课堂上的表现大相径庭？ /175
37. 如何避免触及美国教育的"红线"？ /179
38. 老师为什么被学生问得哑口无言？ /184
39. 教师称呼、夸赞学生也有讲究吗？ /188
40. 教师如何避免使用歧视性语言？ /192

参考文献 /199

第一章 课堂管理

1 开学第一天教什么？

案例背景

白齐翔老师毕业于中国某师范大学，主修中文专业。毕业后，他在国内中学从事语文教学三年。今年，白老师经批准，参加了中美某教育机构的交换项目，准备到美国某高中教授汉语课。临行前，白老师精心挑选了几种适合中学生的汉语教材，并认真准备了第一学期，特别是第一天的汉语课，因为白老师知道，第一堂课非常关键，是老师了解学生，学生了解老师的关键时刻。于是，白老师反复修改他的第一堂课教案，并请同事对他的教案提出建议。经过几次斟酌和修改，白老师第一堂课的教案终于定稿了，他对自己的准备非常满意，对未来的赴美汉语教学充满了信心。

白老师要去的美国学校是一所公立中学，学校开设西班牙语课、德语课和法语课，但从来没开设过汉语课。学校决定第一年的汉语课暂定为选修课，学生可以根据自己的兴趣和课程表选修汉语课。报名参加白老师汉语课的是来自6-8年级的20个学生。这些学生都没学过汉语，对中国的了解也不多。

案例描述

上课了，白老师走进课堂，开始了他的第一堂汉语课教学。他兴致勃勃、自信满满地走上讲台，抬起头来很快地环视了一下布置得体、充满中国文化元素的课堂和充满期待眼神的学生。"Good Morning!"白老师开口向学生问候。学生们以各自喜欢的方式，舒服地坐在椅子上，没有一个人站起来，只是参差不齐地回答他："Good Morning！"

　　白老师开始用英文介绍自己，从他的姓名讲起："我的名字叫白齐翔，大家以后就叫我白老师。那么，我名字中的"翔"字是什么意思呢？我来告诉你们……"白老师开始滔滔不绝地讲起他的名字的来源，后来还讲到了他的大学和专业。开始的时候，学生们认真地听他讲，但是过了15分钟，有的学生开始小声说话，有的学生不断转动身体，改变坐姿，还有的学生东张西望。课堂开始有一点儿乱。白老师想，学生们大概希望知道讲课的内容，于是他开始介绍这个学期的教学计划和内容。

　　"这个学期我们要从汉语拼音开始学起。汉语拼音是汉字的发音符号，分成声母和韵母。一个汉字只有一个音节，大部分音节由一个声母和一个韵母组成。然后我们要学习汉字……"白老师想把他的教学计划详细地告诉学生们。可只说了不到五分钟，一个学生打断了他的话：

　　"白老师，上汉语课用不用带笔？"

　　另一个学生马上也跟着问：

　　"用不用带纸？"

　　白老师愣住了，完全没想到学生会问这样的问题。学生上课带笔和纸是天经地义的事情，还用问吗？

　　还没等白老师缓过神来，学生们的问题一个接着一个：

　　"有问题用不用先举手？"

　　"分组活动，我要和保罗在一起，可以吗？"

　　"有多少次作业？"

　　"汉语课是选修课，有没有考试？"

　　"不写作业扣分吗？"

　　"迟到扣分吗？"

……

对于这些没想到的问题,白老师一时不知如何回答。

案例分析

美国的文化提倡个人的自由,因此整个社会对各种个人行为体现充分的包容和宽容,但是,个人的行为自由在一定场合和时间也要受到一定的约束。美国的中小学校都有自己的学校规定,而且,每个老师也有自己的课堂纪律规定。

一个合格的中小学教师,不仅仅是在专业业务上的合格,更重要的是在课堂管理技能上的合格,从而保证课堂教学任务的有效实施。而且,大多美国中小学实行学生走班制度,教师固定教室,学生各处轮流走,即由学生根据学校提供的任课教师、时间、地点、科目,自己决定到哪个教室听哪位教师的课,每个班的学生可能来自不同的年级。这样,就更需要每个老师建立自己课堂的纪律守则。

每个美国中小学老师在任职以前,重要的培训项目之一就是如何建立课堂纪律守则。而开学时,他们上的第一堂课往往不是讲授专业知识,而是与学生一起建立这门课的课堂纪律守则。课堂纪律给了所有学生最基本的课堂言语、行为规范的要求,让学生知道老师所期望的是什么,他们应做到的是什么。

虽然白老师把第一堂课的讲授内容准备得十分充分,但是他没有把这门课老师所期望的和学生们应做到的讲清楚,即没有把这门课的纪律规定建立起来,因此学生们不知道他们应该做什么,不应该做什么,所以,他们才打断白老师的讲课,提出许多白老师想都没想过的问题。而且,白老师的学生来自三个不同的年级(6—8年级),学生的年纪不一样。六年级的学生刚刚从小学升到中学,对中学的课堂规定还不十分熟悉;而八年级的学生对很多老师的规定已经习以为常,常常想办法逃避老师的规定。针对这样的学生群体,白老师更应该在第一天就建立对各个年级的学生都适合的纪律守则。

如果你是新教师，最担心和害怕的是什么？是课堂秩序和管理。的确，这是需要学习而且要每天实践的一种技能。不管老师有多么高明的课堂教学方法，如果没有持之以恒的纪律守则为基础，课堂教学是不可能高效的。

　　那么，建立课堂纪律时，要注意什么呢？首先，美国中小学的课堂纪律守则都是老师和学生自己制订的，根据年级的不同，语言表达各异。纪律守则不应该是大而深奥的道理说教，而应该言简意赅（比如，举手发言），提倡用正面的、积极的措辞（比如可以用"保持安静"而不用"不许说话"）。其次，课堂纪律的原则不能太多，以五至六条为宜。小学常规的课堂纪律有：发言前要举手，管理好物品，说话低声，老师讲话时安静地听等等。还有，在美国中小学，每个老师都会把课堂守则醒目地抄写在纸上，并张贴在教室的墙上，这样，学生随时都可以看到。同时，守则的旁边还贴有奖励和处罚的规定，让学生明白选择遵守或不遵守纪律守则带来的不同结果：奖励或处罚。

2 师生如何共同制订课堂纪律?

案例背景

王老师是一所高中的中文教师,有五年教学经验。这个学区规定,每个学生必须学习一门外语,至少一年。这学期王老师要教的是一个有20个学生的混合班,学生来自9-11年级。王老师从校长那里得知,选这门课的学生大部分对外语学习不感兴趣,为了应付毕业要求的外语成绩,想选中文课试试看。而且其中有几个学生是学校里出了名的"问题"学生,很多老师听见他们的名字就摇头。因此,校长希望王老师能采取一些措施,管理好这个班级。

王老师根据自己的经验知道,管理好这样一个班级,最重要的是必须认真细致地制订课堂规则,这是形成良好课堂纪律的前提条件。王老师决定,先从制订课堂规则开始。

案例描述

上课的时间到了,王老师站在教室前面,准备上课,但是学生们似乎没有理睬她的意思,继续说说笑笑。有两个学生迟到了,扮着怪脸走进教室,惹得全班同学哄堂大笑。王老师微笑地看着他们没有说话。学生们听惯了老师"请安静"的指令,但王老师却没有发出指令,他们觉得有点儿奇怪,课堂开始安静下来。

王老师先简要介绍了这门中文课,然后,她问大家:"为了保证课堂教学有秩序地顺利进行,我们需要一起制订课堂规则,共同遵守,大家同意不同意?"

"同意！"全体学生回答。

于是，王老师把学生分成四组，每组五个人，讨论这门课的课堂规则。在讨论之前，王老师列出了制订规则的四项基本条件：简短、明确、合理、可行。而且，每组只能列出十条规定。每组学生都展开了热烈讨论，因为这是他们行使自己的权利，制订自己想遵守的规定的时刻。王老师参加了一个组的讨论，然后又参加了其他组的讨论。

十分钟以后，每个组都把他们讨论出的规定写在海报上，并贴在教室前面的墙上。这些规定中有很多是相同的，比如发言前举手等。但是也有的组提出一些个别的规定，比如，学生可以选择不交作业。这样的规定合理不合理呢？王老师问那个组的同学："你们为什么要上中文课？"

"为了学习中文。"

"那老师为什么要布置作业？"

"为了……"

"为了让你更好地学习中文，对不对？"

"对。"

这个组决定取消这条规定。对于其他的规定，王老师让全体学生列出规定的优点和缺点，然后举手表决同意还是不同意这条规定。就这样，每一条规定都得到了充分的讨论。20分钟以后，大家一致通过了愿意共同遵守的规定。就这样，在王老师的指导下，全班同学制订出了这门中文课的课堂纪律规定。

案例分析

美国教育一直以来讲究以人为本，民主平等。以人为本，就是强调以学生为中心，师生之间要加强交流。民主平等就是反对传统教育中教师不可撼动的权威地位，给予学生一定的权利，要求教师和学生以平等的身份共同参与教学和管理工作（颜湘茹，廖晶琰，2015）。美国小学高年级、中学以及高中老师在开学初都会与学生一起讨论，拟定大家应该遵守的一些规则，然后由老师最终选择决定，学生一致通过执行。这样的好处是使学生体会到教学管理的民主平等，学生对制订出来的课堂纪律有所有权，在心理上更倾向于服从遵守并乐于承担责任（王文，2010）。

王老师在开始上课的时候，发现学生继续说说笑笑，不理睬她，她并没有使用老师的权威呵斥学生，也没有向学生发出停止说笑的指令，因为这是第一堂课，学生还不熟悉她的指令。这表明，她充分尊重学生的自尊。她采取了另外的方法——微笑地看着他们，使学生安静下来。

在制订课堂规定的时候，王老师知道，这个班有一些有"问题"的学生，可能会给她的课堂教学带来麻烦，但是她不是凭个人好恶独断设立一些硬性条例，而是坚持以学生为中心的原则，组织学生通过讨论，制订出他们认可的、愿意遵守的规定。课堂规定是老师和学生共同制订的，在其过程中，王老师参与并引导学生选出合理的可实施的条例。例如：

1. 王老师参加每个组的讨论，倾听学生的想法；

2. 对于学生提出不合理的规定（比如，不交作业），王老师的办法是引导学生认识到该规定的不合理方面，从而自愿取消该规定；

3. 对于学生提出的每一条规定，王老师都充分发挥民主，让学生先讨论优缺点，然后举手表决是否通过该规定。

在这个案例中，王老师坚持了两个原则：以民主平等的方式与学生共同制订课堂规定，引导学生做出正确的选择。斯金纳（Skinner）的行为矫正理论认为学生无法达到自我控制，因此，老师需要矫正学生在课堂上的各种行为。王老师的学生是高中生（9—11年级），他们有一定的是非判断能力，但是这个年龄段的学生有叛逆心理，对老师和长辈的建议反感，同时开始对他们的同学和同辈人察言观色，以便决定应该如何行事，并常以"别人也都这么干"为理由而做某件事情，所以他们往往过高地估计同伴集体行为准则的价值，并积极地认同和服从它。因而，老师正面、积极的引导，帮助他们时时刻刻做出合适的选择和决定正是每个教育工作者的职责所在。

在制订课堂规定时，教师针对不同年龄阶段的学生所发挥的作用是不同的。刚入学的儿童需要较多的监督和指导，因为他们不知道如何在一个集体中学习，没有教师适当的帮助，很难形成适合于集体活动的行为准则。年龄越小，学生对教师的依赖越强，在这种情况下，教师所发挥的作用也越大。随着年龄的增长和自我意识的增强，学生一方面不满意教师的过多限制，另一方面又需要教师对他们的行为提供一定的指导和帮助。

那么，建立课堂纪律条例时，要注意什么呢？

1. 规则一定要简明扼要，少而精，使学生能迅速记住。规则内容的表述坚持正面引导为主，多用积极的语言，如"希望……""建议……"等，少用或不用"不准……""严禁……"等语句。其次，规则要明确、具体。如"注意自己的行为"，这种规则对于学生而言是不明确的，难以起到约束与指导作用。

2. 要让课堂纪律不形同虚设，有效地服务于课堂管理，老师要反复讲解，让学生讨论、理解、练习。课堂规定的设立是为了让学生有章可循，然后需要引导帮助他们时时刻刻做出正确的选择和决定，并理解不同的选择会给他们带来不一样的结果。

3. 教师要对所制订的课堂规则进行归纳、删改，避免那些不相关或不必要的规则，制订出尽量简明的最适宜的规则。如果不够全面，可以等学生学会一些规则后再逐步增加内容。

3 如何合理实施课堂奖惩制度?

案例背景

吴老师和孙老师这学期分别接手了两个纪律不好的班级。这两个班的学生从来就没有安静过,通常都不注意听讲,无论是老师讲课、小组活动,还是独立写作业,捣乱和噪声总是不时地出现。吴老师和孙老师都觉得应该采取一些措施,帮助学生改正不良的课堂行为。让我们来看一看这两位老师采取了什么措施,效果又如何呢?

案例描述

吴老师的课

吴老师的课今天看上去还不错,大部分同学都很配合,都在听老师讲课。然而,过了15分钟,有的同学开始大声说话,有人喊叫,几个同学还站起来到处走动,随后越来越多的学生开始捣乱,甚至最初非常安静的孩子也这样做了。吴老师大声说:"请安静!不要说话!不要乱走!谁捣乱,我就把他的名字写在黑板上!"教师里渐渐静下来。五分钟以后,Jack又开始说话,吴老师把他的名字写在黑板上。过了一会,Gobrille和Fiona互相传纸条,吴老师把她们的名字也写在黑板上。又过了一会儿,几个同学互相推着玩,吴老师把他们的名字也写在黑板上。不注意听讲的学生越来越多,黑板上的名单是长长的一串,但是教室里还是安静不下来。

孙老师的课

孙老师今天上的是阅读课，她把学生分成几个小组，讨论列出的五个问题。当孙老师在辅导其中一个小组的学生时，另一组的Frank和邻桌的两个学生一直在小声闲聊，后来声音越来越大，盖过了老师的声音。孙老师站起来，走到他们身边，Frank邻桌的两个学生看见老师走过来，停止了说话，可Frank还在说。孙老师严厉地对他说："Frank，今天放学后你要留堂。"

Frank也不示弱："为什么？"

"你一直在讲话，影响别人。"

"他们两个人也说话了，为什么不让他们留堂？"Frank开始争辩。

"他们不说了，可你还在说。"

"不公平！不公平！"Frank大声嚷着。

全班同学都放下手头的作业，听着Frank跟老师一来一往的争辩。

案例分析

我们先来看看吴老师的课。上课15分钟以后，学生开始捣乱，违反课堂纪律规定，吴老师的处理办法是把他们的名字写在黑板上，可结果是捣乱的学生越来越多，黑板上的名单是长长的一串。看来，这个办法不奏效。吴老师的办法错在哪里？首先，违反这条规定（上课捣乱，名字会被写在黑板上）的处罚措施不明确，学生不知道后果是什么，所以不断地违反纪律规定，来试探底线。Evertson & Emmer（2014）在谈到制订课堂规则和章程的时候，反复强调，章程是要规范学生的行为，但是一旦学生违反了规定，就应该制订一些措施使学生对自己的违规行为负责。第二，吴老师没有及时、果断地处理前几个黑板上挂名的学生，就等于放纵了其他学生继续捣乱，少数人的行为终于扩大成大部分都参与的混乱事件。建议吴老师在这条纪律规定里，加上具体惩罚办法，而且在实施规定的时候，要保持公平性和持续性，如果一个学生因为上课聊天而受到惩罚，那么老师就必须保证所有上课聊天的学生接受同样的惩罚。

再来看看孙老师的小组活动的情况。Frank因跟别的同学大声说话而受到"留堂"的惩罚，他不服，跟孙老师在课堂上争辩起来。最终，孙老师的课不得不中断了。孙老师在处理Frank的课堂不良行为时出了什么问题而导致教学中断？像孙老师班级中出现的这种问题每个老师都会遇到，有经验的老师都会选择恰当的措施来及时制止学生的问题行为。孙老师看到Frank大声说话，而且走到他身边时还继续大声说话，于是给了他"留堂"的惩罚。这个惩罚过于严重，引起Frank的不满而使矛盾升级。Rich Smith（2010）指出，老师处理学生不良行为的目的不是为了惩罚学生，而是提供一个机会让学生认识到自己的责任，调整自己的行为，所以处理的力度应该是从温和的提醒逐步过渡到严厉的措施。在Frank错误行为的初级阶段（和邻桌的两个学生小声闲聊），孙老师就应该用"提醒""警告"等来处理，使问题消除在初级阶段。但是，孙老师没有立即处理这个问题，使它扩大到"盖过了老师的声音"。

第二个问题，孙老师在解决Frank的违纪行为时，不但没有保持冷静的态度，而且在全班同学面前和Frank辩论，惹得全班同学都放下手头的作业，围观这场"辩论"。孙老师犯的一个大错误就是激化了师生之间的矛盾。事实上，公开责备学生毫无益处，只会导致学生的逆反情绪，即使犯了错误，他们也一样期待得到尊重，只有自尊得到了维护，他们才能虚心地改正错误。不管发生什么情况，老师都应该保持语气平和、理性，这样，可以更有效地解决问题，也不容易导致冲突。

那么，如何合理实施，避免滥用课堂奖惩制度呢？在这里，我们推荐Jones & Jones（2004）提出的一个管理学生问题行为的"五步法"：

第一步，使用非语言暗示，示意学生停止。

第二步，如果第一步不奏效，告知学生必须遵守纪律。

第三步，如果学生继续错误行为，让学生自己选择，或者停止错误行为，或者选择一个解决办法。

第四步，如果学生继续错误行为，让学生到一个指定的地方去反省，写改正计划。

第五步，如果学生拒绝，把学生送到另外的地方（例如，校长办公室）。

这个"五步法"的课堂管理制度展示了从温和逐步到严厉的策略，一旦课堂上出现了不适当行为，必须马上处理，以免其影响扩大和持续下去。吴老师和孙老师课堂上的那些不当行为都必须马上解决，但不要反应过度。在处理学生不良行为的时候，尽量减少严厉惩罚的次数，当问题持续恶化，超出老师的控制范围时，再去求助校方。一旦老师意识到自己多次使用严厉的措施来处理小问题，那就要重新评价自己整个管理体系和教学计划。

4 惩罚措施失败了该怎么办？

案例背景

钱老师从一所师范学院毕业后，在某城市的一所中学当老师。三年前，钱老师因为交换项目，来到美国一所中学担任中文老师。在这三年的教学中，钱老师逐渐了解和熟悉了美国的教育制度和美国中学生的特点，也从其他老师那儿学到了不少课堂管理的办法。

这学期，钱老师教四个班，其中一个班是刚从几个小学升上来的新生。从小学到中学对美国孩子是一个不小的过渡。但是，钱老师有足够的信心，她要给予这个班更多的关注，教好这些学生。下面是发生在这个班级的事情，让我们来看看钱老师是怎么处理的。

案例描述

Dean喜欢成为关注的焦点，他不能控制自己，只要他想说话的时候，不管是否得到老师的同意，开口就说。在中文课上，钱老师提出一个问题让大家考虑一下，然后举手回答。可是，Dean不等老师叫他的名字，就大声说出答案。这样的事情，已经发生了三次。按照这个班级的纪律规定，钱老师在第一次时，给了他警告，并提示他正确行为的表现是什么；第二次时，取消一次课间休息；第三次，从他的纪律积分中扣除记分，这会影响他的期末成绩。但是，这些惩罚都没有起到应有的作用，Dean在课堂上的行为依然没有显著的改变。钱老师知道，如果Dean的行为不得到及时的纠正，迟早会干扰课堂讨论。怎么办呢？

钱老师决定找Dean谈话，采用面对面沟通的办法解决问题。

下课后，钱老师把Dean留在教室。他指着墙上张贴的班级纪律条例，"Dean，我们的课堂纪律规定，发言前一定要举手，得到老师许可后，才能发言。你同意吗？"

"同意。"Dean点点头。

"可是在课堂讨论的时候，你经常不等我叫你的名字，就大声说出答案。有这样的事情吧？"

"是的。"

"你能告诉我你为什么这样做吗？"

"我已经知道答案了，要第一个说出来。"Dean回答。

"有的同学不能马上想出答案，需要多一点的时间思考。你抢先说出答案，会出现什么问题呢？"

Dean想了一下，说："我想，会影响其他同学思考。"

"非常正确。"钱老师马上表扬，"我必须让每个学生有足够的时间思考答案。"

"等着别人思考，太无聊了。"Dean说出了他的想法。

钱老师继续："我的责任是要教会全班的同学，让每个学生享有公平的机会。只要你举手，我就会给你机会。"

"真的？"Dean不太相信。

"我保证。那么你希望在剩下的课堂讨论中有几次机会回答问题？"

Dean想了一想，"大概四次吧。"

"很好。我保证你有四次发言的机会，当你举手的时候，我会叫你的名字。如果有时候没叫你，就稍微等一等，我一定会给你机会。这样可以吗？"

Dean点头："好的。"

案例分析

　　课堂管理的预防机制（例如，课堂纪律的建立）和教学指导是必要的、重要的，但并不是一切的问题都能够预防，有时候课堂上出现的不当行为，用一般性的处理措施效果是不显著的。Dean连续几次不等老师叫他的名字，就大声说出答案，对于这种不良行为，钱老师快速采取了惩罚措施（警告、取消课间休息、扣分），但是这些措施都事倍功半。在三次惩罚失败之后，钱老师采取了"沟通"的措施来解决这种教学中持续出现的问题。

　　在谈话的开始，钱老师并没有直接批评Dean在课堂上的不良行为，而是重申了课堂纪律的规定，并描述了Dean在课堂上的行为。钱老师在描述问题的时候，使用了陈述语句而不是疑问语句（你为什么不举手就发言？），因为疑问语句容易引起学生的防御、争辩的心态。钱老师心平气和的陈述使Dean产生对抗情绪。随后，钱老师让Dean讲出他为什么不经老师许可就大声发言的原因。这时候的钱老师是一个耐心的倾听者，并且尝试理解学生的感受。当老师对学生的观点表现出开放性时，这就为学生做出改变的承诺提供了一个有利的平台。

　　为了让Dean认识到他的行为给教学带来的不良后果，钱老师没有用大道理说教，而是引导Dean得出"影响其他同学思考"和每个学生都"享有公平的机会"的结论。老师与学生的谈话要以一种双方都能接受的方式理解和解决问题，才能保持沟通渠道的畅通。

　　与学生沟通的最终目的是要帮助学生建立一个改变不良行为的计划。钱老师的做法是让Dean选择解决问题的办法。他先问Dean希望在剩下的几周课堂讨论中回答几次问题，这样使Dean感到他的选择受到了尊重。当Dean选择了四次回答问题的机会时，钱老师表示了同意，并提醒Dean：回答问题的机会有时只要举手就可以得到，有时要稍微等一等才能得到。这样，钱老师和Dean合作，共同建立了一个解决问题的计划,这个计划就好像是师生双方的一个需要共同遵守的"合同"。

从这个案例中我们可以看到,老师与学生的沟通是用来处理一些持续出现的问题,而这些问题无法通过简单的课堂管理措施得到解决。钱老师与学生沟通的步骤是陈述问题——倾听原因——讨论后果——建立"合同"。请记住,这些步骤的重点是要保持开放性,清晰、有效地与学生沟通,促使他们在思想上、行为上有所改变,并帮助学生学习如何对自己的行为负责。

5 教室里嘈杂时，老师该不该扯开嗓门大喊"闭嘴""不要讲话"？

案例背景

谢老师从师范大学中文系毕业后，到一所中学当语文老师，她热爱自己的教育事业，工作勤勤恳恳。谢老师的课堂管理原则是：老师是课堂的权威，学生要完全服从。

去年谢老师申请参加美国大学理事会的中文教师项目，经考核批准后，被派往一所美国中学教中文。赴任前，谢老师在国内参加了严格的强化培训，学到了美国5C的教学理念和很多教学新方法，加上在国内的教学经验，她觉得自己完全可以胜任美国的教学任务。

到美国工作三个月以后，谢老师认识到，在美国中小学当老师不像她想的那么容易，单凭扎实的业务知识和充分的教学准备工作是远远不够的，课堂管理是每个老师必须不断学习和提高的一门技能。下面是发生在谢老师课堂上的事情。

案例描述

午休后上课的铃声已经响了，谢老师看到学生们还在三三两两地说话、嬉闹、传纸条，还有几个学生在教室里走来走去，根本没有注意到要上课了。谢老师打开她的讲义和课本，准备讲课，可是学生们还没有安静下来。于是，她大声说："安静！上课了！"但是她的声音被埋没在学生们的嬉笑声中。她清了清嗓子，扯开嗓门大喊："安静，不要讲话！"好不容易，教室里渐渐静下来。谢老师看了看墙上的时钟，五分钟过去了。她这堂课的教学时间浪费了五分钟用来使嘈杂的课堂安静下来。她意识到必须马上开始上课，否则这节课的教学内容可能没有办法完成。

按照教学计划，谢老师在这节课要讲授表示方位的句型，即"……在……的（左边/右边/前边/后边/上边/下边/旁边）"，还要安排三项小组活动来练习和巩固这个句型。在讲解完这个句型的用法之后，谢老师把学生分成五组，并发给每组一些图片（书、笔、电脑、水杯、手机等）。活动的要求是：一个学生变换图片的位置，另一个学生根据图片位置提问，其他同学回答，每个组的组员要轮换完成不同的任务。学生们按照要求，开始做这项练习活动，看起来，学生都喜欢这个活动，很投入。十分钟以后，谢老师要学生们回到自己的座位上，准备开始下一个活动。

"请大家回到自己的座位上。"谢老师大声向学生发出指令。没有学生理睬她，还在继续摆弄着图片，说笑着，一片嘈杂。谢老师提高了嗓门："请安静！回到自己的座位上！"有几个学生停止了说话，走回座位，可是大部分还在说话、闲谈。谢老师非常着急，这节课剩下的时间不太多了，可她还有两个小组活动要完成。她敲着黑板，第三次发出指令："不要说话了！马上回到自己的座位上！"大部分学生都做了，只有Zach还在摆弄图片，跟邻桌闲聊。

"Zach，请回到你的座位上！"

Zach装作没听见，一动没动。谢老师走到Zach身旁："Zach，听到没有？我让你回到你的座位上！"Zach没理睬。谢老师觉得她的权威受到了挑战，而且是在全班同学面前向她挑战。她忍无可忍了，揪起Zach的衣领，要把他拉回到他的座位上。Zach也不示弱，一边把谢老师的手推开，一边说：Don't touch me!（别碰我！）"前后左右的同学也都一起喊："Don't touch! Don't touch!（别碰他，别碰他！）"谢老师的课没法上下去了。

事情到这儿还没完。Zach把谢老师"碰"他的事告诉了父母，父母觉得他们的孩子在学校受到了老师的欺负，第二天找到学校，要求处理这件事。校长找Zach和别的学生调查此事，也找谢老师询问此事。谢老师委屈极了，她维持课堂秩序，为的是使教学可以顺利完成，却被诬告是"碰"学生，她心里非常苦恼。

案例分析

　　教室里嘈杂，学生不听从老师的指令是课堂上常常出现的纪律问题。遇到这种情况时，老师该不该扯开嗓门大喊"安静""不要讲话"？从谢老师的案例中，我们可以看到，扯开嗓门大喊是没有效果的。在开始上课的时候，谢老师喊了两次"请安静"，用了五分钟才使课堂安静下来。当第一项课堂活动结束后，谢老师准备过渡到第二项活动，但是学生没有按照她的要求去做，谢老师喊了三次"回到自己的座位上"都没有效果，最后，发生了"碰"的事件。

　　谢老师最大的问题就是，她没有给学生建立一套课堂纪律的规定和程序，让学生了解她对学生的课堂行为的期望和要求。因而当她大声喊"安静！上课了""回到自己的座位上"的时候，学生不知道老师期望他们把注意力转到老师身上，反而继续他们的不适当行为。

　　那么，教室里嘈杂，学生不能集中注意力的时候，老师应该怎么办呢？

　　对每位老师来说，抓住并保持学生的注意力是管理课堂的有力工具，因而，老师需要设立一个使学生立刻保持安静并集中注意力的信号，让学生知道老师的期望。这样的信号应该让学生容易看到，引起学生的注意，在五秒钟之内使学生从活跃甚至吵闹的状态过渡到集中注意力的状态。如果没有这样有效的信号，老师可能要花好几分钟才能获得学生的注意。如果课堂没有真正安静下来，有些学生根本没有办法听清楚教学的内容。这样的信号应该是什么样呢？以"停止说话"的信号为例，Randall Sprick（2011）提倡的信号是，右手高举过头，并用坚定、响亮的声音说出来："同学们，听到我的话，请举起你的手。"然后保持这个举手的位置,直到学生们也都举起手。这个举手的信号是让学生停止说话,把注意力转移到老师身上。如果发出的信号未能引起某些学生的注意,老师应该再次发出信号,直到集中所有学生的注意力为止。比如,老师可以伸出五个指头,倒计时,同时嘴里说这些数字:"5,4,3,2,1。"这个信号是告诉学生,老师希望他们在5秒钟之内停止当前的活动,听老师讲话。或者敲响一个能发出声音的东西(例如小手鼓等),并把它举过头。这些都是有效的信号,因为他们综合了视觉和听觉的元素,学生即使忽略了一个元素也会注意到另一个元素,而且,这样的信号还会有连锁反应的作用,没有看到信号的学生会从其他同学的反应中得知该信号的发出。

信号设定以后是不会自动奏效的,老师必须跟学生反复练习,直到成为学生的自觉反应。开始练习的时候,每个信号发出后,大约两分钟才能生效,经过几次练习,可以达到5—10秒钟生效。学生的年纪越小,练习的次数就应该越多。

在这个案例里,谢老师遇到的另一个问题是,"碰"学生的事情,她坚持要求Zach听从指令,回到他自己的座位是没错的,但是没有处理好"坚持"和学生"不听从"之间的冲突。"碰"学生在美国的学校里是一个很敏感的话题,有经验的老师都尽量避免与学生的身体接触,特别是当师生之间出现矛盾的时候。从这个案例中,我们可以看出,当学生挑战老师的权威和底线的时候,老师应该保持冷静,快速地采取有效措施从而避免矛盾升级。建议的措施有:

1. 停止违反纪律的学生参加课堂活动的权利,让他到教室的一角反思自己的行为,并写出改正的计划;

2. 可以给违反纪律的学生两个选择:回到自己的座位或者到校长办公室;

3. 可以惩罚违反纪律的学生放学后留校,并请家长配合,一起帮助该学生改正不良行为。

6 上课时学生搞小动作或大声喧哗，中断老师讲课怎么办？

案例背景

田老师三年前从一所师范学院毕业后，在某城市的一所中学当语文老师。田老师是一位十分严厉的老师，他相信"严师出高徒"，所以对学生的要求非常严格，决不允许学生在他的课堂上大声喧哗或搞小动作。在三年教学实践中，他的这种严格要求非常有效，因此，他觉得，只要严厉，学生们就会听他的指令，课堂教学任务就能顺利完成。

田老师的学校与美国A中学建立了姊妹学校关系，田老师作为首选老师被派往A中学开设中文课。他听说美国中学生行为自由，不太好管理，但是，他相信，只要严格要求，课堂管理是不会有问题的，但事情却不像田老师想象的那么简单。

案例描述

田老师在A中学教的这个班是个纪律最差的班级。一天，上课的时间到了，可学生们还在热烈谈论着昨天晚上NBA的篮球比赛。田老师走到教室前面，大声说："请安静！现在上课。"学生开始慢慢安静下来。田老师打开课本，复习昨天学过的课文，可是发现学生们都提不起精神，有的面无表情，有的眼睛发呆。为了使课堂的气氛轻松一点，田老师决定分组做练习。他转过身在白板上写练习的内容，班级里的学生又开始热闹起来，而且声音越来越大。田老师转过身来，用严厉的目光看着全班,学生们似乎知道自己做错了,说话的声音渐渐小了。田老师刚转过身,准备把练习的内容写完,突然,一个玩具小篮球从教室的后面滚到前面,全班的同学一下子欢呼起来,教室里顿时乱成一片。田老师几乎愤怒了,在他三年的教学生涯中,在课堂上从来没出现过学生大声喧哗、搞小动作的事情。

"刚才是谁把球扔到教室前面的?"他提高嗓门大声问,没有人回答。他看见Tony在做鬼脸。

"Tony,是你吗?"

"不是。"Tony满脸不在乎的样子。

"是谁?"

"不知道。"Tony毫不示弱地回答。

Tommy是班上最听话的学生,田老师决定从Tommy嘴里问出个究竟。

"Tommy,是谁的球?"

Tommy犹豫了一下,还是说了:"是Chris的。"

Chris马上站起来:"是我不小心扔的,可球是Jason给我的。"

Jason站起来:"是Zach把球给我的。"

Zach也站起来:"是……"

同学们一个"揪"出另一个,"揪"的浪潮一浪高过一浪,课堂上乱成一团,学生再也没有心思上课了。田老师无法知道这个球的"源头"在哪里,被中断的课无法进行下去了。

案例分析

孩子的天性就是好动,喜欢新鲜的事情,什么都感兴趣,美国学生也不例外。孩子就是孩子,他们还没有学会控制自己。如果他们对课上讲的内容不感兴趣，头脑就会开始"走神""开小差""溜号"，随之，行为就会违反课堂纪律，影响老师的教学。很多时候，老师会中断教学以及正在进行的课堂活动，来处理这些违反课堂纪律的学生，不仅教学计划无法完成，老师也会筋疲力尽。

  在这个案例中，学生们在上课开始的时候，热烈谈论着昨天晚上的篮球比赛，NBA篮球比赛在美国是人人关注的事情，中学生们尤其热衷，每个人都想发表自己的见解。为了让学生们停止谈论昨天晚上的篮球比赛，田老师的办法是：利用老师的权威，强制学生回到教学上来。这种办法有效吗？刚开始看起来很有效，因为学生们开始慢慢安静下来。可是学生们的心思并没有回到课堂上来，所以，田老师让他们复习上节课的内容时，学生们都提不起精神。当田老师转过身在白板上写练习的内容时，学生们第二次热闹起来。这次，田老师是怎么处理的呢？他还是用同样的办法：用严厉的目光看着全班，因为他严格要求的课堂管理办法在过去三年教学中非常有效。这次有效吗？好像有效果，学生们说话的声音渐渐小了。

  可是，接下来的情况就更糟糕了。学生们的心思还在篮球比赛上，他们开始搞小动作，好像在玩传递玩具小篮球的游戏，一个学生不小心把小篮球掉到地上，滚到教室的前面。这个突发的情况立刻触到了田老师的底线，他停止了教学活动，要把这个扔球的学生找出来，于是他就提高嗓门大声向全班询问。想不到，同学们一个"揪"出另一个，课堂上乱成一团，最后完全失控了。田老师的教学任务还能继续下去吗？显然不可能。通过这个案例，我们可以看到，田老师的课堂管理办法是不成功的，特别是对这个纪律较差的班级。

  那么，如果课堂上出现学生违反课堂纪律，搞小动作，大声喧哗，影响老师讲课的情况怎么办？有必要停下来解决这些问题吗？

  许多影响教学的因素不是非常紧急或非常严重的情况，而是学生不注意听讲，交头接耳，搞小动作的问题，任何学生都有可能表现出这样的行为。有经验的老师，对这些非严重的问题的处理办法不是中断教学，而是使用有效的策略，例如，带着微笑，眼睛盯住捣乱的学生，轻轻摇摇头，继续上课；或者不中断上课，走到学生身边，帮助他把摆弄的东西收起来；或者走近正在交头接耳的学生，低声耳语告诉他们停下来，随即走开。这样的策略看起来简单，用起来却能产生即时效果，使学生停止捣乱，把注意力重新集中到当前的学习上来。使用这些策略几乎不会额外占用教学时间，这一点非常重要（Larry Koenig, 2008）。但是，如果遇到非常紧急或严重的情况，例如，一个学生突然号啕大哭，而且停不下来，影响全班上课，这时，老师需要停下来，处理学生的问题。

在这个案例中，田老师利用老师的权威，强制学生回到教学上来，这种办法是不适合，也没有效果，不仅会损害师生之间的关系，甚至还会进一步引发学生更出格的行为。学生对任何的"高压"都会产生反感，产生对抗情绪，使师生的矛盾逐步升级。当田老师停止了上课，要把扔球的人"揪"出来的时候，他的想法可能是：惩罚一个学生，其他学生就会"听话"——杀鸡骇猴！但是他这样做的结果，就把他自己推到了学生的对立面，激化了矛盾。有经验的老师在这样的情况下，会冷静地把矛盾淡化，等到课后再处理这种违纪的行为。

总之，课堂纪律管理应该以保证教学和课堂活动顺利进行为原则，对那些不影响整体教学的个别违纪行为，故意忽略，或许问题可以自然得到解决；对那些严重的情况，要采取一定措施，及时处理，从而使课堂教学可以按计划进行下去。

严师是要求严格的老师，不是要求严苛的老师。高徒不是已经成功的人，而是拥有成功能力的人。提起严师我们大家都会有这样的感觉——严师是那种不苟言笑，成天绷着脸，让人望而生畏的老师。我们都是从学生时代走过来的，回想一下，我们当学生的时候有几个人从心底里喜欢那些严师呢？

学生不喜欢老师，带来的最坏后果就是他不爱学这科。学生都不爱学了，怎么会变成"高徒"？

1. 严师会与学生间产生隔阂，沟通不便，如今注重的是学生与老师间的民主平等，而严师却做不到这点，他们只会罚学生，不会理解体谅学生。一切的事情都应该建立在沟通之上，慈师与严师相比之下更容易与学生沟通，学生有不懂的问题自然会问慈师，谁会愿意问一个整天罚人，板着脸的老师呢？

2. 因为沟通，所以才会产生信任，学生才会信任老师是为了他们好，并非害他们。没有人喜欢一个不会沟通，不理解学生的老师，即使老师的出发点是好的，是为了学生着想，学生也不会喜欢他，因为没有人会喜欢对自己凶的老师。

3. 学生喜欢慈师，便会多问老师问题，有的问题可能老师不能当场告诉学生，但他们回去会思考，会去查阅资料，这对于老师而言无疑是一种提高教学质量的过程。在学生学习、进步的过程老师也会进步，上课的质量也会相应提高。然而严师却做不到跟学生沟通，缺少这样的学习过程，所以他们的讲课质量不会有更大的提升，就算学生听他们的课，也未必会学到更多的东西。

（参考：https://zhidao.baidu.com/question/360074610.html）

课堂上师生发生冲突时，如何应对处理？

案例背景

这学期，周老师给五年级上中文课，这个班上有几个学生特别难管，尤其是Dan，在课堂上带头捣乱，从来就没做过让老师满意的事情。渐渐地，他成了这个班里的"刺儿头"，常常跟老师"作对"到底，从不"服输"。下面是发生在这个班的事情，让我们来看看周老师是如何应对处理的。

案例描述

周老师正在讲"才"和"就"的用法，Dan却和旁边的人说话。周老师看了Dan一眼，可Dan没理睬老师的眼神。于是，周老师走到Dan的课桌旁，就站在他身边。Dan闭上了嘴。过了一会儿，周老师离开Dan的课桌，Dan又继续说话了。周老师叫了Dan的名字，温和地说："如果你再继续说话，就要换座位了。"Dan耸了耸肩，表示不在乎，但还是停止了说话。

过了几分钟，Dan突然站起来，大叫："墙上有蜘蛛！"几个经常捣乱的同学马上离开座位，问："在哪儿？在哪儿？"所有同学的注意力都转向Dan，课堂开始有点儿乱。周老师叫了几遍Dan的名字，想让他安静下来，但是没有用。周老师走到Dan的课桌前，坚定但很平静地说："现在你需要马上到我的办公室去，坐在那儿等我下课。"

Dan没有离开，反而为自己辩护："墙上真的有蜘蛛，如果爬到女生的桌上，会吓坏她们的。"

"如果你选择现在不离开的话,那我就必须让你暂停今天的课。"周老师的口气依然很坚定。

"你不能停我的课,这样不公平。我是为大家好。"Dan继续为自己辩护。周老师看着Dan,平静地说:"你现在就需要停课。"

Dan的争辩声越来越小,突然,他来了一个180度的大转弯,开始哀求:"能不能……"

周老师很平静地回应:"请到办公室去。"

Dan终于离开了教室。等他离开以后,周老师继续上课,课堂上又恢复到了往日在周老师控制范围之内的程度。

案例分析

上课随便说话是最常见的错误行为,周老师也遇到了同样的问题:Dan上课不停地说话,还大喊大叫,影响全班学生。那么,周老师是怎样处理Dan不断升级的不良行为呢?

在初级阶段(和旁边的人说话):

周老师的措施	措施作用	Dan的反应
看了Dan一眼	非语言暗示	没理睬老师的眼神
走到Dan的课桌旁	非语言暗示。这种距离上的接近,就是提醒学生停止出格行为。	闭上了嘴
离开Dan的课桌		又继续说话了
温和地说:"如果你再继续说话,就要换座位了。"	告知学生必须遵守纪律。这是比较温和的提醒。	耸了耸肩,停止了说话

过了几分钟，Dan突然站起来，大叫："墙上有蜘蛛！"所有学生注意力都转向Dan，课堂开始有点儿乱：

周老师的措施	措施作用	Dan的反应
叫了几遍Dan的名字	语言警告	没有反应
坚定但很平静地说："你需要马上到我办公室去，坐在那儿等我下课"。	让学生到一个指定的地方去反省	没有离开，反而为自己辩护
口气依然很坚定："如果你选择现在不离开的话，那我就必须让你暂停今天的课。"	让学生自己选择	继续为自己辩护
平静地说："你现在就需要停课。"	实施严厉措施	争辩声越来越小，开始哀求
很平静地回应："请到办公室去。"	持续惩罚措施	终于离开了教室

从这个案例里，我们可以看出，周老师采取了递进式策略，一开始是最温和的（看了Dan一眼，走到Dan的课桌旁），当Dan的行为升级到大喊大叫，影响全班上课时，周老师慢慢地、平静地提升对Dan的惩罚（到办公室，停课）。当Dan把争辩转为哀求的时候，周老师依然坚持惩罚措施，直到他停止争辩，离开教室。周老师有效地、及时地控制了课堂的秩序，使她的教学计划能够顺利完成。

Larry J.Koenig（2008）是美国纪律和家庭教育的权威和美国中小学生课堂纪律教育协会主席，他在总结自己多年研究和实践的基础上指出，我们处理学生在课堂上不良行为的目的，是要让学生学会承担起由不良行为引起的后果的责任，并促使学生实现行为转变。在处理学生课堂问题的时候，既要阻止学生的错误行为，又要防止问题再犯。除此之外，还要考虑对全班同学会产生什么样的影响，努力做到：既可以有效地中止不当的行为，又能把消极影响减轻到最小。周老师在处理Dan的错误行为的时候，并没有同时处理几个跟着捣乱的同学，这样能使消极影响减到最小。她采用了一条策略：实施惩罚要从对全班影响最大的学生开始，就是那些在课堂上不能让大家松口气的学生。只要关键性的学生改变了错误行为，整个班级就会有很大改善。总之，无论遇到什么问题，无论采用哪种管理策略，原则是：措施要具备持久性，要公平对待每一个学生。

8 教学效果与教师的外在形象无关吗?

案例背景

很多来自国内的汉语教师被问起海外汉语教师礼仪时往往都是一脸茫然,甚至不解地问:"我们是来教书育人的,难道我们也要跟学生一样遵循各种行为规范吗?"

课堂教学有课堂教学的礼仪,教师也有教师的礼仪——学高为师,身正为范。教师就是学生的范例,他们既要了解并遵守课堂教学礼仪,如课堂问候礼仪、课堂语言礼仪、态势语言礼仪、课堂提问礼仪、课堂板书礼仪,等等,还要了解并遵守讲课时应遵的行为规范,如,如何走上讲台,如何着装,如何说话,如何运用手势,以怎样的表情和眼神看学生,如何离开教室,如何掌控课堂气氛,如何以正面形象示人,如何在传道授业的同时提高学生的学习兴趣,向海外汉语学习者传播正能量,等等。我们有些教师在被派到海外任教前,在观念上认为教师礼仪无关紧要,教学效果与外在的教师形象无关,外在形象邋遢或者过于时髦不影响学生的学习,导致在平时教学中不注意遵循正确、合适的教师礼仪。

案例描述

被派到美国一所公立高中教授汉语的龚老师出国前曾连续几年被其所任教的学校和市教育局评为优秀教师。由于其丰富的教学经验和傲人的简历,有好几所学校的校长都希望邀请龚老师到他们的学校任教。最后,龚老师被分配到一所公立高中任汉语教师。一个学期下来,很多学生对龚老师的教学给予了高度评价:"龚老师的课堂效率高,教学内容和方法非常适合我们。虽然中文很难学,但是跟他学起来并不觉得中文怎么难,反而还觉得很容易,很有趣,很有成就感。龚老师授课有重点,有条理,师生互动良好,非常注意启发和调动学生的学习积极性,课堂气氛活跃,在短短的一学期内,我们不仅掌握了几百个汉字,而且还能够流利地用汉语交流,让我们在轻轻松松的氛围中掌握了中文的基本知识……"总之,龚老师是一位不可多得的汉语教师。

读着这些评语,作为龚老师本人应该值得庆贺、心满意足了吧?然而,同样是这位龚老师,部分学生却到校长那里打他的小报告,甚至要求校长更换教师。这的确让人大跌眼镜,与那位学生评语里的好教师判若两人:"龚老师在学生中很不得人心,很多学生都不喜欢他!"那么,龚老师到底存在哪些问题呢?

据学生反映,龚老师平时穿衣随便,不修边幅,头发常常油腻腻的,衣服好像一个学期也不换一身,脸上也常常是油光光的。以致有一天,龚老师穿戴整齐,学生就像发现新大陆一样议论一番,注意力往往都聚集在当天将有什么大事发生上,而不能静心读书。他平时抽烟喝酒,还喜欢吃大蒜、泡菜之类味儿重的食物,和学生讲话经常"带味儿"——烟、酒、大蒜和泡菜的混合味儿。上课时,龚老师常常习惯性懒散地靠在讲台上,或者干脆坐在教室前面的桌子上,讲课时两条腿在桌子下面晃来晃去……

还有一位在初中教汉语的女老师,她的情况似乎与龚老师截然相反。这位老师每天打扮得花枝招展,平时上课不是穿鲜艳的民族服装,就是穿展现好身材的紧身旗袍,有时候紧身裤外套一条超短裤或超短迷你裙,脚踏细高跟拖鞋。她还喜欢浓妆艳抹,身上总是散发出一种刺鼻的香水和化妆品味儿,乍一看根本不像一位端庄的教师,俨然一副时尚潮人的派头,而且上课时常常喜欢在课堂上扭着腰肢走来走去,时而拍拍这个同学的肩膀,时而摸摸那个同学的头,下课后还跟有些同学拥抱道别……学生对她的评语是："她每天上课的穿戴都让我们惊奇，给了我们品头论足的话题。每当她朝着我的座位走过来时，我就难以集中精力，或者等着她过来拍拍我的肩或摸摸我的头，可是她有时候看着我却去摸另一个同学的头。"她讲课的声调比一般老师都高八度，却缺乏感召力和气场，调动不起来学生学习汉语的激情，甚至有些家长找到校长去抱怨。

案例分析

上述两个案例表现了两个截然相反的教师形象及其对课堂教学所产生的影响。这一现象在很大程度上反映出一些外派教师在自我定位上和正确的教学礼仪上认识模糊，对教学和教师礼仪缺乏了解，甚至根本不知道、不清楚何为课堂教学和教师礼仪。

礼仪是"礼"和"仪"的统称，是在人际交往过程中，人们为了表示尊重与友好而共同遵守的行为规范和交往程序。教师礼仪是教师必须遵守的行为规范，它既包括教师的内在形象礼仪，也包括教师的外在形象礼仪，而这两方面都是不容小觑的。师姿、师表、师德、师心构成了教师内在形象的要素；仪容、仪表、仪态又构成了教师外在形象的要素。教师的一言一行、一举一动，都会引起学生的关注。教师上课面带微笑，衣着得体，姿态优雅，语言举止文明有礼，给学生美好、亲切的印象，往往容易被学生接受。反之则不然，容易引起学生的厌恶。课堂教学礼仪是指教师在课堂教学活动中的仪表、仪态等所显示的精神文明风貌，是教师在课堂教学过程中形象化、规范化的正确做法，它是教学活动的组成部分。教师不仅要"知书"，而且要"达礼"，知行合一，才是海外汉语教师应有的素养。但在上面的两个案例中，两位教师显然没有做到遵守合适的教师礼仪，是不符合师德和教师礼仪的行为表现。

海外汉语教师应该遵守最起码的仪表仪容、举止行为等方面的礼仪规范，做到在课堂上教授汉语、传播中华文化的同时，以自己的言行举止、礼仪礼貌对学生进行潜移默化的正面影响，传播正能量。这是因为海外汉语教师同时也是汉语课堂上的"中国外交官"，其穿着打扮、言谈举止都直接或间接地影响着课堂教学效果。课堂教学是教师们传道授业、答疑解惑的主要方式，而教室则是教师教书育人的重要场所。在课堂教学中，教师的任务不仅仅是将知识传授给学生，他们在课堂上的谈吐举止、一颦一笑，在展现个人魅力的同时，也在传播中华文化。

在美国教授汉语作为外语的教师们曾作过一项调查，总结出优秀的海外汉语教师所引导的课堂教学具有32条特征。可以说，这32条特征也是对语言教师的行为规范，综合而且具体地描述了海外汉语教师在语言表达、教学组织以及人际交流等方面的能力。其中，有12条涉及了教师在课堂中语言和肢体语言的运用：

1. 教学活动中，教师和学生所使用的课堂语言都是正在学习的语言；
2. 教师对所教的语言具有非常好的语言能力；
3. 即使在初级班，教师也尽量减少使用学生的母语；
4. 教师很少用习惯性的口头禅；
5. 课堂教学中，教师所说的话，占的比例较少；
6. 教师进入课堂后，主动向学生问好；
7. 教师尽量用手势或表情启发学生，而少用语言；
8. 教师都极富于表情，活泼生动；
9. 教师经常在课堂上走来走去；
10. 教师经常微笑、赞赏，并且风趣；
11. 教师对学生的赞赏都比较讲究而又多样化；
12. （必要时）教师很轻松地用目光提醒学生不要有不适当的行为。

从这12条中我们可以看到课堂教学中教师正确使用语言和肢体语言的重要性。

海外汉语教师在课堂教学中还应遵循的礼仪规范包括以下几个方面：

一、端庄整洁的仪表

整洁是仪表美的基本要求。教师首先要做到身体各部位的洁净，无异味和污垢。女教师适当地美容化妆也是应给予鼓励的。这样能够表现出教师对职业的尊重和热情，但过分的浓妆艳抹会适得其反。在着装方面，教师上讲台可以根据自己的个性和审美观选择合身得体的服装，但要做到款式别致而不奇特，色彩明快而不妖艳耀眼，式样深沉大气而不老气横秋。海外中小学校长和家长们最忌讳老师们在讲台上穿着时髦，出格出奇或裸、露、透，打扮得光鲜耀眼，浓妆艳抹，分散学生的注意力，与课堂庄重的教学气氛背道而驰。当然，一味地不修边幅、上穿无领T恤衫、下穿膝盖带洞紧身牛仔裤，脚穿一双人字拖，既有损于教师形象，也是对教学的不重视，对学生的不尊重。

中国国内汉教外派机构要提高外派准教师对学习教师礼仪的重视程度，在赴任教国之前对他们进行专业的培训。教师要遵循真诚与自律原则和适度从俗原则，既不可与案例中的龚老师一样随随便便、邋邋遢遢，要进行自我要求、自我约束、自我对照、自我反省，尊重学生的同时尊重自己，强化职业道德；也不应该同那名女教师一样赶潮流，要明确角色定位，注意形象效应，在着装上要能体现教师特色。当然，教师礼仪不仅包括着装方面，而且包括言谈举止等方方面面。

那么是否应该鼓励我们的教师为了展现中华文化的特色而每天上课都穿上旗袍、唐装、少数民族服装或戏装呢？其实大可不必。身着特色服装的同时应首先考虑到让身上的服饰服务于教学，在讲授相关文化礼仪及服饰等内容，而且在教师自身条件允许的情况下，可以穿上富有民族特色的中国传统服装进行相应的展示，但前提是要合身得体，把握分寸。很多情况下也可采用多媒体或视频方式展示。

二、正确得体的语言

海外汉语教师在课堂上必须使用标准普通话授课，并且要字正腔圆、吐字清晰、语音适度、语速适中。这是因为，汉语作为目的语的语言运用得是否恰当，会直接影响学习者学习汉语的积极性和成效。

海外汉语教师在课堂上使用的教学语言，不仅仅是用来组织、辅助教学的手段，更是对学生的重要和直接的语言输入，是学生学习汉语的范本。我们的教师都经过严格的语言训练，普通话已经达到炉火纯青的程度。因而，他们在课堂上使用的教学语言是一种在自然语言的基础上经过加工的语言，除了发音标准以外，还要做到发音部位准确，展现出字正腔圆的语言美，这样才能为学生起到良好的示范作用。

三、文雅适度的肢体语言

海外汉语教师在课堂上所教授的内容和所使用的教学语言必须是学生所能理解的。但在初级阶段，由于学生的汉语水平低而往往造成语言理解困难和障碍。在这种情况下，如果我们的教师用肢体语言来解释某些现象或知识点、语言点，就会演变成"礼"的辅助教学手段，起到良好的解释沟通作用，使教学环节得以顺利进行，有效地达到教学目标。然而，肢体语言的运用要恰当，要让课堂变得生动活泼，而且手势、身姿和表情要准确得体，不能太夸张甚至过度使用，以避免分散学生的注意力。

教师礼仪在很大程度上也影响着教师的教学质量与水平。一名遵循礼仪规范，具有良好教师职业素质和职业道德的老师，才符合教师职业的需要，才能赢得更多学生的尊敬和爱戴，才能更好地将海外汉语教育事业一步步推向新的发展高度。

第二章

教学管理

9 如何遵守国际汉语课堂教学礼仪？

案例背景

海外汉语教学水平的提高依赖于高素质的教师队伍、高质量的汉语教材、高效率的教学模式和教学方法。而高素质的教师队伍要求海外汉语教师具有合理的知识结构、优化的能力结构、优良的心理素质和良好的教师课堂礼仪。

海外汉语教师扮演着"语言教练"的角色，他们站在讲台上讲课，就如同一位语言教练，向其教授对象解释并演示学习内容，有效地组织课堂教学，开展汉语语言操练和演练，纠正学生的语言错误。由于第二语言教学的特殊性，海外汉语课堂上的教学礼仪就显得尤其重要。除了教师的仪表以外，课堂上教师所使用语言的准确性、简洁性、条理性，肢体语言的正确使用，包括面部表情、目光、手势，以及教学态度和课堂提问、板书等诸多礼仪，都是海外汉语教师在课堂教学中应遵循的礼仪规范。

案例描述

曾经在国内一所高中任班主任多年的杜老师在俄勒冈州一所公立学校教授中文课程。她讲课严谨，条理清楚，逻辑性强，语言点讲得头头是道。在教学上如此优秀的教师，理应受到同学们的尊敬。但同学们总是在私下里对杜老师指指点点，品头论足，说她"中文课上活泼不足，严肃有余，不苟言笑，面无表情"。她每次上课前都要让学生复习一下上一次课上学习的内容。这一天，她又同往常一样，一脸严肃地走进教室，环视一周后，面无表情地说："今天我们先就上一课学的语言点进行问答练习，然后讲解课文。"坐在中间的一位平时比较腼腆的女生被点名用一个语法点造一个句子。该女生似乎没听懂老师的问题，更不清楚答案，吞吞吐吐地说了几个与所问的问题毫不相干的字。杜老师走到该女生身边，先用严厉的眼光瞟了她一眼，该女生的脸顿时红了起来，低着头，眼睛盯着书桌站在那里，像个犯了大错的孩子。杜老师的情绪一下子激动起来，生气地说："咱们班有个别学生课前不预习，上课不听讲，下课又不复习，作业不按时完成，这是对学习汉语的态度问题啊。既然不好好儿学，那就不要选修汉语课嘛！"听到这话，那个女生大气不敢喘一口，站在那里低头不作声。

案例分析

　　课堂教学中教师表情的常态一般是面对学生，面带微笑，平易近人，和蔼可亲，这样的表情能使人产生亲切感，有利于拉近教师和学生的距离，增强教师的人格魅力，融洽课堂教学气氛，有利于最大限度地调动学生学习汉语的积极性和主动性。反之，如果教师上课时的表情过于严厉、生硬、刻板、冷漠、生气、厌烦、倦怠甚至面无任何表情，会让学生在课堂上提不起精神，被动学习，既影响教师和学生在课堂上的互动，又影响教学效果。案例中的杜老师当着全班同学的面用讽刺的话语批评学生，加上她严厉的面容及对学生回答不上来问题时的轻蔑眼神和不当处理，严重地伤害了学生的自尊心。眼睛是心灵的窗户，最能给人留下深刻印象的是眼神。杜老师这样轻蔑的眼神会伤害到学生的自尊心。有时候老师一个不经意的眼神或略微严厉并带有蔑视的讽刺批评话语对学生造成的伤害很大，会对学生的健康发展造成不良影响。教师鼓励和肯定的目光有利于学生增强汉语学习的信心，降低学生操练和回答问题时的紧张程度，以达到教与学的良性循环。面对不能回答自己问题的学生，作为教师，首先应该想到的是不是自己的问题问得不合适、太难了、学生可能没听懂，或者关心地询问一下学生复习没有、是什么原因没有复习？或许学生花了很多时间复习了，但面对老师紧绷着、毫无表情的脸和严厉的目光，心里想好的答案，也可能被吓回去了。

海外汉语教师的语言礼仪要求是：有幽默感，但避免语言低俗；语速正常，音量适中；按照学生的汉语水平和程度设定词汇难度；全中文的语言教学环境。幽默是一种智慧的体现，是在丰富的知识基础上缓解课堂气氛的方法之一。教师在课堂上还应该学会"自我解嘲"，在课堂操练中可以以老师的自身经历或者经验为例，甚至可以拿自己的不足与相关知识点作对比。

教师还要自觉培养文明修养，注重自己的礼貌谈吐，遵守语言的规范性，掌握语言的使用方法，讲究语言的艺术性，准确表达授课内容，唤起学生的求知欲，从而充分发挥语言的作用。在课堂上，教师的语言礼仪应坚持称谓得体、语义明确、语气谦和、热情有度的原则，避免课堂语言通病，例如，说话声音太小，吐字不清；讲话太快，刮耳边风；语病太多，语句不通；语言平淡，催人入眠；语音不准，方言浓重。标准的普通话是海外汉语教师的职业语言。在国际汉语课堂教学实践中，如果教师能操一口纯正的普通话文雅规范地授课，肯定会对学生的汉语学习产生积极的影响。另外，课堂授课时，教师的语言还需简洁，条理清楚，绝不能说讽刺挖苦学生的话；更不能说损害学生人格、自尊心和上进心的话，坚决不能使用脏话、粗话、黑话。

海外汉语教师要杜绝使用口头禅的现象。一来是因为有些口头禅对学生极不礼貌也不尊重，常常容易给学生一种傲慢、高高在上、自以为是、不可一世的感觉。二来是因为一些口头禅在语言表达中没有实际意义，而且还是一种语病，学生听多了，耳濡目染，往往自觉不自觉地加以模仿，久而久之学生们会在交际中频繁使用这些口头禅，影响他们的学习进步。例如："这个这么容易你怎么还不懂？""我来告诉你吧！""别再说下去了，全错了！""你还是先听听别的同学怎么说你再说吧。""我真拿你没办法了。""这个学生简直没治了！""朽木不可雕也！""难道你们连这个都记不住吗？""让我来告诉你们吧！""连这个都不懂，难道老师以前没教过你们吗？"等等。废话口头禅更不能在课堂上使用，例如，"怎么说呢""这个""那个""懂了吗""对不对""不会的举手/站起来……"教师说这些话属于一种语言习惯，对教学没有意义，如果反复使用，就会使句子拖沓、紊乱，令人厌烦。所以，教师如有讲口头禅的习惯，就要尽快改正，以免影响学生。

  课堂教学礼仪还包括师生关系礼仪，主要包括师生交流礼仪、批改作业礼仪、考试礼仪和板书礼仪。师生交流礼仪分为课堂和课外两部分。课堂交流是教师针对全班同学的，不能偏向某一个同学或某一个国家/种族的同学，主要方式是目光交流和语言交流；课外交流是教师针对某一个学生进行的私下交流，主要方式有电话交流、短信交流、电子邮件交流、微信交流、聊天工具交流等等。师生的语言交流应该双目注视学生，认真倾听学生说话，对于学生的语音和语序错误进行纠正。课外交流时，教师应该尊重和保护学生的隐私，对学生的学习、生活、交际等方面的问题给予正确的引导。

  板书在国际汉语课堂教学中也发挥着非常重要的作用，它是最普遍、最重要、最灵活的直观道具，是教师开展教学的基本手段。灵活有效地使用板书会让课堂教学事半功倍。新颖的板书不仅可以激发学生的学习兴趣，还可以活跃学生思维，帮助学生记忆。板书设计要布局合理科学、疏密得当、均匀协调、重点突出。有效地利用板书的资源，可以方便学生在最少的信息源中获取最有用的信息以完成学习目标、达到教学目的。教师板书的过程与其说是一个展示教学内容的过程，还不如说是一个给学生示范的过程。在板书的过程中，教师不仅承担着传递知识的使命，而且还承担着培养学生书写技巧以及思维逻辑的使命。因此，教师的板书必须要规范正确，不能出现错字别字、倒笔画现象。

批改作业的礼仪分为两种，一种是教师批改作业时标注出正确答案，主要适用于初、中级阶段的学生。这是因为初、中级阶段的学生拿到教师的批改作业后应该把错误部分至少重写一次，以加深正确的印象。另一种是教师批改作业时只标注出错误的位置，不标注出正确答案，主要适用于高级阶段的学生。这是因为高级阶段的学生自我修正的过程也是自我提高的过程。日常的作业批改注重的是及时纠正学生的错误，以及培养良好的学习习惯。批改时教师应该注重字迹清楚、仔细认真、标注日期，以作为学生期末总成绩的重要组成部分。

考试、讲评是教学评估的重要环节，也是课堂教学礼仪的重要组成部分，对学生存在明显的激励和导向作用。试卷的批阅应该做到卷面清晰，不宜涂改，如果出现加分或者减分的现象，教师务必在修改处签上姓名。学生考卷的发放则应该以尊重学生的隐私为前提，将试卷背面朝上放于学生课桌上。另外，试卷的评语应该及时、有效、公平、客观。及时是指考试与讲评试卷的时间间隔不宜过长，一般以1-3天内为宜；有效是指讲评的内容不只是针对试卷的某一题目，更应该为学生增加相关语言点的扩展和强化练习。公平和客观指的是学生在教师评分扣分的标准面前人人平等，不应对平时学习成绩好的学生犯的错儿舍不得扣分，而对平时学习成绩差的学生扣分太狠。公平、公正地对待每一个学生是每一位海外汉语教师都应该做到的，对所有不同国籍、不同种族、不同性别、不同水平的学生应该一视同仁，教师不应该把学生分为好坏学生、分数高低的学生，而是应该重视提高学生的学习兴趣和语言交际能力。

培养跨文化交际意识和跨文化交际能力是塑造良好教师形象的必要条件，也是课堂教学礼仪的重要组成部分。海外汉语教师通过汉语传播使更多的海外学习者以汉语为媒介了解中国历史、文化、政策、经济等关于中国的方方面面的信息。因此，除了教授语言知识以外，教师应该积极塑造正面的中国国家和民族形象，扩大中国语言文化的影响，教师应在培养跨文化能力的过程中采用对话式交际模式，让这一过程成为双方的差异都被承认并受到尊重的过程，是在融合的过程中保存自己的个性和特点的交际模式。师生双方保持积极的、富有创造性的交往动力，以加深不同文化间的交流。这一切，都需要教师具备跨文化交际意识和跨文化交际能力，以及良好的思想素质和心理素质。

10 同一个班级里学生的水平参差不齐，如何因材施教？

案例背景

欧阳老师七年前从师范学院毕业后在一所中学任教。在这七年里，欧阳老师教过各种中文课，从初中一年级到三年级，从零起点的学生到高级班的学生，从听力课到写作课，他都可以胜任。一年前，欧阳老师作为交换老师，来到美国的一所公立中学教授汉语。欧阳老师接任的班是初中二年级，已经学过一年汉语，前任老师的教法不是很得力，所以这个班学生的汉语水平参差不齐。开学以前，校长把这个情况介绍给欧阳老师，希望他备课时，考虑到学生的水平。欧阳当时想，同是一个班的学生，不会有太大差别，再说他在国内也教过类似的班级，不会有太大问题。

开学上课以后，欧阳老师才体会到这个班学生水平的差距有多大，有的是一年级初期的水平，有的是中期水平，有的是后期的水平。按照什么水平备课呢？根据以往的经验，只能针对那些中等水平的学生设计教学计划，欧阳老师希望这样所有学生都可以学到新知识。但是事与愿违，上课的时候，基础差的学生听得云山雾罩，最终失去了兴趣，开始捣乱；而优等学生又感到无聊至极，头脑开始"想入非非"。课堂上或者乱成一团，或是死气沉沉，欧阳老师头痛极了，他向校长汇报了情况："我就一个人，教授同一个班级里水平各异的学生，不可能满足所有人的需要，没有一个老师可以教好这样的班级。"校长告诉他，像这样的班级，学校里有好几个，有经验的老师知道怎么教好这样的班级，并建议他去听听谷老师的课。征得谷老师的同意后，欧阳坐在教室的后边，观摩谷老师是怎样上课的。

案例描述

谷老师教的是初中三年级的学生，班上有26个学生，今天要讲的是"一……就……"的句型。欧阳老师猜想，谷老师的教学计划一定是先讲解该句型的语法规则，然后做句型练习。可是谷老师却没有这样做。开始上课的时候，谷老师让每个学生把他们知道的动词写在纸上，基础好的同学能写出10—20个动词，基础差的同学能写出5—8个动词。谷老师从这些动词中挑出那些大家都知道的动词，然后开始作示范，把两个有意义的动词用"一……就……"的句型连起来。他一边作示范一边讲解句型的用法和意义。接着，他带领全班一起练习。她说前半句，学生们完成后半句。例如，古老师说："我一放学……"学生接着说："就回家。"在练习过程中，谷老师了解到一些学生已经掌握了句型的用法；一些学生还需要加强练习；还有一些学生需要个别辅导。

接下来，谷老师把学生分成不同的小组做练习。他让那些差不多快要掌握的学生分成小组，每组4个人，反复练习；而那些已经掌握了的学生，谷老师把事先准备好的拓展练习给他们，让他们了解更多的知识。谷老师知道那些基础差的学生会有很多问题，最需要帮助，所以他参加那些需要单独辅导的学生小组，回答他们的问题，帮助他们学会运用这个句型。所有这些事情都是同时进行的，每个小组的学生都很投入，因为他们都有自己的事情做，都有自己的练习目标。

下课以后，欧阳老师问谷老师教好这样班级的诀窍是什么，谷老师告诉他：因材施教。谷老师从来不抱怨他的学生基础多么参差不齐，他意识到每个学生的学习能力、经验、个性、成长状况都是不一样的，他要照顾到每一个学生。欧阳老师问他："这可能吗？"谷老师点点头，说："可能，但是难度也很大。"他告诉欧阳老师，他的教学计划不是为三年级水平的学生准备的，而是为不同水平的学生准备的。在讲解新知识之前,他都精心准备一些生动有趣的活动来调动学生的积极性,但难度更大的是要为不同水平的学生准备各种练习活动。别的老师准备课堂练习活动时,只是针对全体学生,而他要准备的练习却要针对不同水平的学生,所以他备课的时间要比别人多两三倍。

案例分析

不管是中国的课堂还是美国的课堂,都会有在同一个班里学生的水平参差不齐的情况,这种情况无疑给老师带来教学上的麻烦。有些学校还会有混合班,学生来自不同的年级和不同的背景。我们应该根据什么标准来教这些学生?是按照他们自己的实际水平,还是按照教学计划中制订的水平?这是老师在教学中必然会遇到的问题。

在上面的案例中,谷老师教26个水平不一样的学生,最好的教学方法就是因材施教。首先,谷老师对学生的态度和教育理念不同,在谷老师看来,没有两个学生是完全一样的,每个学生都有各自的优点和缺点,所以谷老师结合学生自身条件设计相应的教学方法,然后循序渐进地引导他们,达到相应的水平。谷老师因材施教的具体策略是根据学生的水平,把他们分成不同的小组做练习,并为每个不同能力的小组设立跟他们能力相配的目标,这样,每个学生在同一个课堂都有自己不同的事情做。还有,谷老师的因材施教还包括,对班上基础差的学生给予更多的帮助和支持。

美国的教育在强调平等教育的同时,非常注重个性化教育,每个孩子的能力不同、天赋不同,教师要从学生实际情况、个体差异出发,有的放矢地进行有差别的教学,使每一个学生都能扬长避短,获得最佳发展。因材施教的精髓就是根据学生的个性特点给予最适合的教育,帮助他们得到最大的发展和提高,使天资聪颖的学生和学习迟钝的学生都得到同样、同等的提高。因材施教的基础就是对学生的"材"有所了解，既要了解全班学生的一般发展水平，又要了解每个学生的个体差异，掌握他们的兴趣、爱好、能力、性格、知识水平、学习方法、学习态度等个人特点。老师一方面要"因材"，更主要的是要"施教"，要采取一定的教学措施，以取得有效的成果。教师采取的教学措施，一方面要建立在对多数人都切实可行的基础上，另一方面对各种不同类型的学生又要能分别提出不同的要求，采取有针对性的措施。正如学生的个体差异存在着多样性一样，教学的措施也应该是多样的。老师在提问内容和方式，布置作业的分量和难易度及课外学习和指导方面都应该体现共性与个性的统一，既要从大多数学生的需要出发，又要照顾到个别人的特点和需求。

我们应该从学生自身的情况出发，而不是从他们应该达到的水平或者我们期望的水平出发来安排教学活动。如果向基础差的学生灌输他们理解范围以外的东西，他们在学习上几乎不可能成功。在学生生字还没有学会的时候，就要求他们写句子，怎么可能？如果强迫他们做那些他们根本做不到的事情，结果只有失败，照这样下去，就只能是一个失败接着一个失败。但是，如果结合他们自身的情况，讲授他们理解范围以内的知识，那么他们成功的可能性就会非常大。根据学生的实际情况，制订可以达到的目标，只要目标适合学生的实际水平就可以，这样，学生不会因为达不到目标而放弃中文学习。成功的老师不是把优等的学生培养成更优等的学生，而是运用自己的才智让基础差一点的学生也能挖掘出自己的闪光点，实现自己的价值。美国著名教育家巴士卡里雅说："把最差的学生给我，只要不是白痴，我都能把他们培养成优等生。"

11. 学生经常晚交或不交作业，导致分数低，怎么办？

案例背景

欧阳老师两年前进入美国一所大学的教育学院，参加教育硕士和中小学教师执照的学习。她顺利地完成了全部课程，又经过了3个月的教学实习，终于如愿以偿地获得了教师执照。经在校老师的推荐，欧阳找到了在一所高中教中文的工作。

欧阳老师的中文A课是个很"听话"的班，除了课上个别学生有时候小声耳语或开小差以外，大部分学生都能够注意听讲，没有严重的违纪现象，所以欧阳老师用不着在课堂上花费时间和精力去处理纪律问题，可以全力以赴地完成她的教学计划。在别人看来，对中文A课，欧阳老师不应该有什么烦恼，可是，烦恼偏偏来了。

案例描述

在开学的时候，欧阳老师就告诉学生：每次的课堂作业、家庭作业和随堂小考都要计算在学期总成绩里面，占最后评分的70%。几周过去了，欧阳老师觉得，学生们好像不在乎她的这个作业规定和评分标准。她发现：

1. 很多学生不能按时交作业，有的甚至拖延了2周；
2. 有的根本不交作业；
3. 一些学生交上来的作业并没有全部完成；

4. 一些作业质量很低，错误连篇。

让欧阳老师更烦恼的是，很多学生期中测验成绩不佳，这是她非常不希望看到的。欧阳老师觉得自己进退两难。如果她严格按要求评分，很多学生都会不及格，她可能会面临来自学生、家长和校长的压力，怀疑她的教学能力；而如果她迁就了学生，降低打分标准，学生就会让迟交作业的不良习惯"升级"，以为他们可以不做作业，老师也会宽恕他们。为了搞清楚学生迟交作业或不交作业的原因，欧阳老师决定作一次调查，看看学生的反馈。

Scilla的回答：对作业的内容不清楚，不知道到底要做些什么。

Lindsey的回答：作业太难，要花很多时间，所以不能做完。

Mark的回答：别的课程的作业太多，而且期限很短，没有时间完成中文课的作业。

David的回答：老师没告诉我们交作业的期限。

Will的回答：我常常忘了中文作业，可是没有人提醒我。

Martha的回答：我写作业有疑问的时候，找不到人帮助我。

Steve的回答：我不清楚每次作业占最后成绩的百分比。

Christina的回答：我想，晚交几次作业没关系。

Kelli的回答：我参加学校棒球队，到外地去比赛，没上中文课，不知道作业是什么。

看到学生的这些反馈，欧阳老师开始反思她的作业管理程序和实践。她不断问自己：为什么学生不配合她的作业规定？在哪些环节学生不清楚她的要求和期望？应该采取哪些措施改进作业管理呢？

案例分析

作业是教学的一个重要环节，对于学习和巩固十分重要。做作业和检查作业的目的是用系统化的练习和复习来帮助学生掌握课堂上学过的知识。如果学生作业的管理工作做得不好，许多问题就会出现。欧阳老师的中文课就是一个很好的例子。让我们先来看看学生列出的理由。这些理由有学生自己的原因，例如："家庭作业太难""忘了做作业""对作业的内容不清楚"；也有外部原因，例如："别的课程的作业太多""老师没告诉交作业的期限""没有人提醒我""找不到人帮助我""到外地去比赛，不知道作业是什么"。针对学生的这些原因，欧阳老师应该做什么改进呢？

　　首先，欧阳老师需要建立一套完整的作业管理规定，包括每次作业的具体要求和上交期限，老师的评分标准，迟交或不交作业的扣分比例，和每次作业占学期总成绩的百分比。尽管欧阳老师在开学的时候告诉学生：每次的课堂作业、家庭作业和随堂小考都要计算在学期总成绩里面，但是她没有把这项规定打印出来并发给学生，所以有些学生说"对作业的内容不清楚""老师没告诉交作业的期限"。欧阳老师应该把她的作业规定和评分标准发给每个学生和他们的家长。对学生和家长来说分数很重要，因为分数能反映学生的学习情况。老师也可以利用评分体系来敦促学生按时完成作业。

　　在建立评分标准的时候，要切记一个原则，不应该只用考试成绩来评估学生，因为少数考试成绩不一定能反映学生的真实状况。最准确的方法是对学生进行全面评估，除了考试成绩以外，还应该包括：努力程度、课堂活动参与度、作业完成情况和质量、进步幅度以及出勤率，等等。美国学校常用的评估形式是由老师自己制订的标准和量规（rubric）。

　　制订好作业规定和评分标准以后，还要坚持执行，并在每次作业期限和评分环节结束以后，把每位学生的作业分数通知给学生，使他们及时得到反馈，清楚地知道自己学习进展的情况和努力的方向，这会增加学生做作业的自觉性和责任感，避免"晚交几次作业没关系""没有人提醒我"以及类似的借口。必要时，老师也可以通知学生的家长，使家长了解学生的学习情况，得到家长的配合与支持。

　　对于那些因参加学校活动而缺课的学生，欧阳老师没有给予足够的关心和帮助，所以有的学生以"到外地去比赛，没上中文课，不知道作业是什么"为借口，不交作业。美国学生喜欢参加各种各样的俱乐部和课外活动，因而难免要耽误一些课程的学习。欧阳老师可以采取不同的措施给予他们帮助，例如，可以让一名学生担任为缺席学生记录作业和收集讲义的工作，在缺勤学生回校以后给予帮助；也可以在教室的一角设立一个每周作业内容和作业期限的文件夹，使缺勤的学生很容易就知道他们漏交了哪些作业；也可以设定一个固定时间，给补交作业的学生提供帮助。

　　总之，管理学生作业的最终目的是为了帮助学生成为独立的学习者，一切管理程序应该尽可能多地让学生自主承担责任，而不是依赖老师和家长监督他们完成，让他们懂得迟交或不交作业有很多原因，但是没有借口。

12 如何让学生参与课堂，避免出现空闲时间？

案例背景

庄老师在国内是一名优秀的高中教师，去年被汉办派到美国一所高中教汉语。这个学校一年前开始开设汉语课，庄老师这学期教的是10年级的A班，有20个学生，这些学生学过一年的汉语。开学的第一周，校长让庄老师先听课，了解学生和教学的情况。庄老师发现，这个班的学习气氛很沉闷，老师在唱独角戏，学生极少参与课堂教学活动。有时候，课堂气氛混乱，学生不断窃窃私语，甚至有的学生在玩电子游戏，上课的老师不断地停止讲课维持秩序。还有的时候，教师讲课时，学生却默默地做自己的事情，或发呆游离，教师提问没有反应，对错与否请教师自己定夺。从第二周开始，庄老师接手这个班，她决定要改变这种状况，努力让学生参与课堂活动，增强学习兴趣，提高学习积极性。

案例描述

庄老师上的第一堂课是复习和练习学过的词汇、句型和语言点。这一课的题目是"在饭桌上"，介绍了中国人的餐桌文化，包括：主人和客人饭前的让座，饭桌上的劝菜，饭后客人的道谢，以及主客之间的争抢付款。主要句型有："一再""无论……都……""多+verb""……verb+出来""由……决定"。

庄老师的这节课是45分钟，她先跟学生一起复习了这一课的词汇和句型。为了让学生在复习阶段进入情境，庄老师精心制作了ppt课件，分别展现了饭前让座的情境，劝酒、劝菜的情境，客人道谢的情境，和争抢付款的情境。当白板上显示劝酒、劝菜的情境，庄老师问学生们："主人劝酒、劝菜时，常常说什么？"学生们一时想不起来，庄老师立刻启发："多……"一个学生领悟了："多喝酒。"另一个学生说："多吃菜。"庄老师马上表扬："好极了！"然后，她让这两个学生再说一遍，让其他同学跟着说两遍。

庄老师用了15分钟复习了这一课的词汇和句型，然后，转入下一个课堂活动：分组练习。她按照学生的程度，把学生分成5组，每组4个人，作角色扮演练习，要求：

1. 每组的4个成员，2个人扮演主人，2个人扮演客人，然后对换角色。

2. 用学过的词汇和句型练习饭桌上的让座、劝酒、劝菜，道谢和争抢付款的对话。

3. 演练时间：10分钟。

庄老师把准备好的"道具"（碗、盘子、筷子、杯子）发给每个组，学生们开始练习。她从一个组走到另一个组，帮助有问题的学生。A组的4个同学基础比别的组差，庄老师把大部分时间放在这个组上。她发现，这个组的学生对本课的词汇和句型掌握得不够好，练习时说不出来，或者不知道该说什么。庄老师就把事先准备好的练习讲义和练习提示发给这个组的学生，让他们看着讲义练习。

过了一会儿，庄老师走到D组，因为她知道D组的同学基础比其他组高一些，他们可能会提前完成练习的任务。果然，D组的同学开始说说笑笑，左顾右盼。庄老师先让每个组员把各自的角色演示一遍，确信他们已经掌握得很好了以后，把事先准备好的提高性练习发给这组学生，让扮演主人的学生和扮演客人的学生演练饭后付钱，互相阐述各自的理由。接到这个新的任务，D组的同学又开始忙碌起来。

10分钟很快过去了，庄老师又转到下一个活动：演示。每个组把自己练习的结果演示给大家看。通常，一个组演示时，其他组都无事可做。为了使每一位学生都参与到这个活动中,在活动之前,庄老师发给每个学生一张评价表,要求没作演示的学生认真看演示组的演示,并按照表上的评价项目,给每个演示组做出评价。演示组的学生也要给自己的表演做出评价。评价项目包括两方面——语言方面和文化方面。语言方面包括:是否运用学过的词汇和句型,运用是否适当;文化方面包括:演示中饭桌文化是否有体现,表达是否适当。

每个组的演示都有不同的创意,有的组是请同学吃饭,有的组是请老朋友吃饭,有的组是参加中国人的春节宴会,有的组是到中国人家里做客,还有的组是橄榄球俱乐部的会员到饭店聚餐。12分钟后,演示结束了,庄老师带领全体同学一起讨论评价,每个人都有机会谈论自己的意见,说得多说得少都没有关系。一节课很快就过去了。

案例分析

过去的外语教育模式是整堂课都是老师讲,学生听,听完了练,是老师的一言堂。在传统课堂上,学生参与还是不参与、参与多少、以何种形式参与都由教师来决定,其中回答教师的提问是学生参与课堂的最主要形式,很少有机会公开表达自己看法。传统课堂在一定程度上降低了学生学习的积极性,不能很好地启发学生思考和创新,同时缩小了学生可参与的范围,限制了部分学生参与的权利和机会。

随着教育理念的发展和教学方式的改革,越来越多的老师开始关心如何让学生参与课堂活动,体验到学习的快乐,获得心智的发展。庄老师的这堂课给我们展示了一个学生参与课堂活动的案例,让我们从以下四个方面来看看她是如何做的。

一、把课堂时间尽可能多地留给学生,为学生提供参与活动的空间

让学生参与课堂的关键之一就是把课堂时间尽可能多地留给学生。学生是

课堂的主体，学生应是学习的主动者，而不是被动的承受者。教师应将传统的课堂问答形式由教师提问、学生回答转变为学生之间相互问答，也就是组织pair work和group work。学生两人一组或者多人一组进行问答、演练、讨论，通过交流可以理解自己所不能理解的句子，解答自己无法独立回答的问题。这样，在有限的时间内，全班所有学生都参与了问答活动，在学习过程中相互讨论、相互学习促进，培养了学生的团结合作精神和参与意识。庄老师在这节课中安排了四个活动：复习，小组练习，演示，评价。在这四个活动中，庄老师做到了两个确保：确保全体学生参与，以及确保学生全程参与。全体参与是指庄老师安排了各种不同难度的练习活动，确保不同学习程度的学生都有机会参与。全程参与是指在四个活动中，学生始终是学习的主体。从时间分配上看，在庄老师四十五分钟的课堂上，留给学生的时间占80%以上。

二、营造学习情境，使学生们"身临其境"

外语作为符号系统，在缺少实际使用环境时往往会显得枯燥无味。为了避免这一点，庄老师利用课文内容并运用各种手段创造情境，使课堂变得生动，充满活力。在复习阶段，庄老师精心制作了ppt课件，展现了饭前让座的情境，劝酒、劝菜的情境，客人道谢的情境和争抢付款的情境。通过ppt为学生创造了饭桌情境的直观感受，使他们"身临其境"。在此基础上，庄老师启发学生说出这课学过的相对应的词汇和句型。学生们一时想不起来，她采用"学生教学生"的方法，让已知的学生带领其他同学复习。在学生分小组练习的活动中，庄老师还为学生们准备了角色扮演的道具（碗、盘子、筷子、杯子），帮助他们在练习时进入角色。

三、保证活动设计的适应性和开放性，使不同水平的学生都能参与活动

学生参与课堂活动常常是通过小组学习来完成的。然而，同一班级的学生，

学习能力、学习水平肯定有着很大差别，要想在一节课上调动起所有学生的积极性，老师不仅要设计形式多样的活动，更要设计各种难度不同的活动，保证每个层次的学生都能找到适合自己的活动。庄老师在备课时，充分考虑学生们参差不齐的程度，注意了活动的适应性和开放性，保证了不同水平的学生都能参与活动。对于基础较差的学生，她提供范例参考和足够的练习提示，由控制性练习逐步过渡到开放性练习。而对于基础较好的学生，她设计了开放性练习，使这些学生得到更多的参与机会，这样的活动设计保证了不同水平的学生都能参与活动，既不能让基础差的同学感到任务太难而产生挫折感，又不能让基础好的同学因任务简单而失去兴趣。

四、组织积极的小组评价活动，调动全体学生的积极性

通常，一个组演示时，其他组都无事可做，课堂上出现很多空闲时间。为了充分利用课堂的学习时间，使每一位学生都参与到学习活动中，庄老师采用了"他评"和"自评"相结合的方法，把准备好的评价表格发给每个学生，让没做演示的学生认真看演示组的演示，并做出评价，而且还要给自己的演示做出评价。演示结束后，每位同学要把自己的评价报告给全班。这个活动有三个好处：第一，调动了全体学生的积极性，参与到此项活动中，避免空闲时间的出现；第二，这种"他评"和"自评"相结合的方法，也是同学之间相互学习的过程；第三，通过学生的评价，教师可以获得大量关于学生学习状况的有用信息，把评价与教学有机地结合起来，改进教学。

总之，一节充满活力的课，不是看教师的表现如何出色，而是看在课堂中，学生的大脑、双手、眼睛和嘴巴是否都得到了恰到好处的运用，是否让每个学生都有参与的机会，由"要我学"转变为"我要学"，是否让每个学生在参与的过程中体验到学习的快乐，获得心智的发展。

13 如何在教学中做到以学生为中心，因材施教？

 案例背景

冯老师在美国的中学任教已经五年了。她所在学校开设西班牙语课、法语课、汉语课和日语课。其他外语课的学生注册率不断下降，只有冯老师的汉语课的人数却稳步上升。冯老师有什么办法使学生留在她的班上呢？她的妙招就是在教学中处处坚持以"学生为中心"的原则。冯老师这学期教的是7年级的班，学生都是13—14岁的孩子，已经学过一年的汉语。让我们通过下面的案例来看看冯老师是如何在课堂教学中实施以学生为中心、因材施教的教学原则的。

 案例描述

冯老师这个单元的教学主题是房子，内容是住房里各个房间的名称以及房间的位置，教学目的是：

- 学生能用汉语说出房子里面各房间的名称；
- 能用汉语说明各房间的位置关系；
- 能介绍自己的家；
- 能看图说出并写出一个房子的布局。

第一节课

上课的铃声响了，冯老师拿出一张房子的图片说："今天我们要学习用汉语来描述你家的房子。大家把你家各个房间名称写下来。"五分钟以后，学生们列出了家里的各个房间，除了课本的词汇以外（卧室、客厅、餐厅、厨房、车库、浴室、洗手间、卫生间、书房、楼上、楼下），学生们还列出了其他的词汇："洗衣房""电脑房""客房""主卧""地下室"……冯老师把这些生词加到本单元的教学计划中。

接下来，冯老师开始教词汇。她没有使用传统的"生字—发音—翻译"方法，而是使用教具（字卡、图片、房子的轮廓图等）来帮助学生掌握生字的发音和词义。然后，冯老师把学生分成五组，通过下列活动来巩固新词汇：

- 认字抢答
- 比手画脚（A做动作，B猜房间名）
- 学生之间互相给指令练习听和说，并将字卡放在对的位置上

冯老师从一个组到另一组，检查学生的练习情况，并回答学生的问题。

第二、三节课

在理解掌握了必需的词汇和表达句型以后，课堂的大部分活动是以交际能力为目的语言交流练习。学生有时分成两人一组，有时4—5人一组，有时全班一起演练。演练中，冯老师安排了各种学生与学生、学生与老师的互动。

- 两人交流：互相收集对方资料
- 小组活动（一组4—5人）：听指令画图（一人叙述，其他人画）
- 全班活动：老师说一个词汇，全班一起练习加长句子

冯老师从一个组到另一个组，检查学生的演练情况，并回答学生的问题。

第四、五节课

学生用中文演示，分口头报告和书面报告两种：看图介绍房子布局，设计一个自己理想中的房子的布局。在学生演示时，冯老师边听边作记录，评估每个学

生在语言知识和交流技能方面的进步和缺欠，同时检验教学中的薄弱环节，改进后面的教学设计。

第六节课

冯老师要求学生自愿组成小组，上网查找资料和图片，比较中国和美国的房子（住房）的差异，并准备向全班演示。

案例分析

从这个案例中，我们可以看出，冯老师的"以学生为中心"的教学理念体现在以下几个方面。

一、教学内容与学生的实际生活相联系

介绍这课主题（房子）的时候，冯老师没有按照常规的从课本生字开始教起的教法，而是以课本的内容为主线，让学生们列出与他们生活相关的，他们想学的，也用得着的词汇。这样，教学内容就可以和学生的实际生活联系在一起，增强学习兴趣。这就是常说的"以学生为中心"的教学理念。"以学生为中心"就是要充分考虑到教学的出发点是"学生要学什么"，而不是"我们要教给他们什么"。对外汉语教学要使教学内容更贴近当地学生的日常生活，从而使教材为当地本土式教学服务。

在介绍新词汇和语言点时，冯老师使用了各种与学生生活密切相关的，他们熟悉的场景、真实环境的教具，比如：字卡、图片、房子的轮廓图，等等，为学生创造了有意义的语言环境，比如，"比手画脚"的活动，是由一个学生做出一个动作，其他学生根据这个动作猜出房间名。13—14岁的孩子比老师更熟悉他们在房间里的姿态（坐、躺、看电视，等等），能够直接习得这些新词汇。这样

的活动也使学生增强了学习兴趣，使得课堂气氛更加活跃。

二、学生是课堂活动的主体

冯老师这个单元的教学计划有6节课，课堂的大部分活动是以学生互动为主，学生有时分成两人一组，有时4—5人一组，有时全班一起演练。演练中，强调学生与学生、学生与老师的互动。冯老师在这个教学环节中，采用多种人际沟通活动，演练实际交流的能力。首先，冯老师组织学生进行一对一的交流，互相问答，获取对方信息。另一个活动是4—5人组成一组，集体完成一个交际任务（一个人描述房子的布局，其他人画）。这个交际任务要求全体组员合作，确定交流信息的准确度，达到最终的交际目的（画出房子的布局）。这样的教学活动不仅使学生有机会互相沟通、演练，而且在交流的过程中，可以培养学生的团队合作精神。美国教育高度重视培养学生的团队合作精神，这种培养不是通过言辞说教来完成的，而是在日常活动中一点一滴积累起来的，课堂活动就是一个培训学生的极好场合。

三、学生演示自己的学习成果

冯老师安排了口头报告和书面报告两种演示形式，学生可以用老师提供的图片描述一个房子的布局，也可以设计一个自己理想中的房子的布局。学生首先完成书面报告，然后向全班作口头演示。这个活动给了学生一个综合运用语言知识和交流技能的机会，是必不可少的教学步骤。在演示中，学生可以自由发挥他们的想象力，根据自己的偏爱，设计一个理想中的房子的布局，并用中文向全班演示，从而培养学生创造性的思维。这样的教学活动使学生感到课堂学习不再是负担和压力，而是在讲自己身边的故事，在其乐融融中完成中文课的学习。在本单元的最后环节，冯老师还指导学生把视野扩大到目的语国家的文化，让学生自己去查找信息和资料，比较中美两国的住房差异，从而培养学生的分析、研究能力。

冯老师如何检验学生的成绩？她没有安排本单元的考试，而是把学生的演示作为一种测试手段，根据学生的口头演示和书面报告，评估每个学生在语言知识和交流技能方面的进步和缺欠。

冯老师的经验告诉我们，"以学生为中心"就是打破老师在课堂上的"一言堂"，把学习的主动权交给学生，充分考虑到教学的出发点是"学生要学什么"，而不是"我们要教给他们什么"，使教学内容贴近学生的生活实际。"以学生为中心"理念的核心就是：学生是课堂学习的主角，教学设计和课堂活动的安排都要适合学生的"口味"，突出不同学生群体的个性，因材施教，用学生可以接受的学习方法组织教学。老师的作用是组织教学活动，回答学生的问题，帮助学生完成他们的学习任务，从而为学生自主学习创造一种真实而开放的学习环境。

14 教师如何在教学中减少被干扰、讲课被打断的次数？

案例背景

每位老师都会遇到这样的情况：你正在讲课的时候，突然一个意外事件插入你的课堂，干扰课堂教学活动的正常进行，你必须停下来立即处理这个突发事件。例如，一个迟到的学生走进教室；两个学生因座位的问题争执起来；一个学生违反纪律，并与老师争辩起来；有学生要上厕所；学生提出一个与讲课内容毫不相关的问题；有学生要去储藏柜拿笔和纸……遇到这种情况，如何减少意外干扰，防止讲课被打断？下面是两位老师的案例。

案例描述

赵老师的案例

赵老师今天的教学内容是"把"字句型，这是汉语学习的一个难点。赵老师作了充分的准备。上课铃声响过以后，同学们都安静下来，赵老师开始讲课。5分钟以后，教室的门"呀"的一声开了，同学们都把头转向门口。Bruce满不在乎地走进教室，他迟到了。赵老师问："你为什么迟到？"

"不知道。"Bruce扮着鬼脸说。

"你已经迟到3次了，我警告过你。"

"其实，我只迟到了几分钟而已。干吗大惊小怪？"Bruce一脸不在乎。

赵老师指着一个空座位，"现在，坐到那儿去！"

"不！我要跟Jack坐在一起。"Bruce不听从老师的指令。

"我要你坐到那儿去！现在就去！"赵老师提高了声音。

"我不去。为什么要我去？"Bruce继续反抗。

……

学生们的注意力都集中在这场"辩论大赛"上，根本没心思上课了。

郑老师的案例

这是开学的第二周，郑老师中文A班的学生很配合，大部分都能注意听讲。上课了，郑老师让学生们打开课本，开始讲解"疑问句"的用法。刚刚讲了5分钟，Cindy开门走进来，她又迟到了。郑老师看了她一眼，简单地说："你迟到了。到那边的空座位去坐。"

"我要坐到后边。"Cindy站着没动。

"后边已经没有空座位了。等一会儿我会给你换座位。"说完，不等Cindy继续争辩，郑老师的目光离开Cindy，转向全体学生，继续讲他的课。Cindy很不情愿地走到指定的座位，一屁股坐下去，然后拿出来书。她没翻开书，而是拿着铅笔玩。郑老师发现Cindy没有听讲，于是一边继续讲着课，一边走到Cindy身旁，翻开她的书，并用手指着他正在讲解的部分。Cindy放下铅笔，开始看书。

小组活动的时候，郑老师轻声询问了Cindy迟到的原因。课后郑老师和Cindy进行了简短的谈话，并做出了一个改正的计划：如果Cindy再连续迟到，这学期就要坐在离老师最近的座位。

案例分析

在赵老师的案例中，我们看到Bruce的迟到使讲课中断了，而且老师和学生发生了争辩。为什么会出现这种状况呢？赵老师的管理措施出现了什么问题？首先，赵老师询问Bruce迟到的原因是没有必要的，在教室门口追问学生迟到的原因只能助长学生寻求他人的注意力和挑衅的情绪。没有学生愿意在别人面前承认自己的错误，那是"丢面子"的事情，他们的本能就是争辩。赵老师的提问无形中给Bruce提供了一个"表现"他自己的场合，使他有机会在全班面前大出风头。

其次，赵老师不应该跟Bruce关于"座位"的问题进行争辩，这样的争执不仅使师生的矛盾激化，而且中断了课堂活动，使教学无法进行下去。学生总是会千方百计地试探老师的性格和忍耐度，特别是新老师，他们会希望你停下课，发脾气，他们可以看你的笑话。Breaux等（2013）告诉我们，优秀的老师从来不会与学生"角力"，他们不会立刻对学生的挑衅做出反应，而是保持镇定，随即控制局面。简而言之，他们从不会火上浇油，而是等待学生冷静下来以后，找一个适当的时机处理问题。

同样是学生迟到的问题，郑老师的案例却展示了不同的结果。让我们看看他是如何处理的。

1. Cindy又迟到了，走进教室的时候，她可能想引起别的同学的注意，也可能想试探老师对她迟到行为的忍耐程度。郑老师没有问她"为什么迟到"，这样就没有给她解释和争辩的机会，也没有给她引起其他同学注意的机会。郑老师此时关注的主要的问题是：引导Cindy坐好并继续上课的进程。

2. 当Cindy拒绝坐到老师指定的座位时，郑老师简单地描述了明显的事实（没有空座位），并给了她一个选择（等一会儿换座位），然后目光离开Cindy，继续讲课，就好像Cindy自然地接受他的安排，坐到那个座位上。郑老师平静地处理了"座位"的问题，保证他的教学计划没有被干扰。

3. 当Cindy玩弄铅笔不注意听讲，但没有影响别人的时候，郑老师走到她身边，悄悄纠正她的行为。对于这样的"个别"行为，郑老师采用了温和的"忽略"策略。

4. 课后郑老师和Cindy进行了简短的谈话，并做出了一个改正的计划。

郑老师成功地处理了Cindy迟到的事件，既没影响上课的进程，又有机会教育Cindy改正自己的行为。

上课迟到是学生最常见的错误行为，如果老师处理不当，就会导致教学被中断，甚至引起老师与学生之间的冲突。希望我们能从赵老师和郑老师的案例中得到启示和帮助，正确处理课堂中可能出现的类似突发事件。

15 如何纠正学生的错误而又不伤害他们的自信心？

案例背景

宫老师和娄老师在同一个小学里教中文课，从去年开始选修中文课的学生越来越多。两位老师在教学中遇到同样的问题：学生时常犯这样或那样的错误，而且一而再、再而三重犯。两位老师对学生在学习中出现的错误采取了不同的纠正方法。效果怎么样呢？让我们通过下面的案例来看看他们是如何纠正学生的错误的。

案例描述

宫老师的课

这个星期宫老师教第五课——买东西，前一节课，学生们学过了生词和句型，今天她计划让学生用学过的生词和句型练习买东西。她把学生分成小组，每个组员轮流扮演商店的售货员和顾客。宫老师从一个组到另一个组，回答学生的问题。她走到一个组的旁边，听学生们的练习。这个组有Mary、Kathy、Jason和Mike。Kathy扮演售货员，其他人扮演顾客。

Kathy："你要买什么？"Jason："我要……"没等Jason说完，宫老师立刻纠正他："声调不对，'要'不是第二声，是第四声。再说一遍。"Jason又说了一遍，还是不对。宫老师说："跟我读。"宫老师读一遍，Jason跟读一遍，其他同学都看着他，Jason感到非常不好意思，他的声音越来越小，越来越不自在，完全失去了信心。

宫老师走到另一组，Jim扮演顾客："苹果多少钱？"Jodie扮演售货员："一块五一斤。"Jim说："苹果是贵，我不要……"

宫老师打断他的话："语法不对，形容词做谓语，前面不用加'是'，上学期我们学过，记得吗？"Jim不好意思地说："忘了。"

宫老师："重复一遍。"Jim说："苹果是贵……哦，哦，不对，应该说，苹果贵。"宫老师："对了，接着说后半句。"可是Jim已经忘了后半句他想说什么了，他停住了，拼命想，越着急越想不起来。

娄老师的课

娄老师发现她班上的很多学生对汉语中时间状语和地点状语的位置没有掌握好，常常出现"我起床早上六点"或者"我吃午饭在学校"的错句子，她打算通过一些游戏让学生们进一步掌握状语的位置。娄老师课前准备了一些带有时间词、地点词、副词的中文句子，然后把这些词写在卡片上，一个卡片只写一个词。上课的时候，娄老师让学生把卡片戴在头上，一个学生代表一个词，这样大家都能看见。然后把学生分成几个小组进行比赛，老师念一个句子，学生按中文的语序列队组句。娄老师念："Mary studies Chinese at school every day."头上戴着不同词语的学生得按中文的语序列队，做得最快最好的小组得分。每个学生都很投入，积极参加比赛。

比赛活动以后，娄老师安排学生作口语练习，她发给每个小组5张图片，每张图片上都画有一个时钟，表示时间，还有学生们每天的活动，比如起床、吃饭、上课、户外运动、看电视、上网等。每个学生拿一张图片，说出图片上描述的是什么时间，什么地方，有什么事情。宫老师从一个组走到另一个组，回答学生的问题。在一个组，她听见Mike说："我下午游泳在体育馆。"娄老师没有打断Mike的练习，也没有纠正他，只是用两只手做了一个交叉的动作，暗示调换语序，Mike马上知道了错误，又用正确的语序说了一遍。娄老师走到另一个组，听见Anya说"我不上数学课……（明天）"，可是她想不起来怎么说"明天"，停住了。娄老师没有替她说，而是给她时间慢慢想一想。在其他同学的帮助下，Anya说出了"明天"，可是她的词序错了，小组的其他同学又帮助她纠正了错句子，娄老师马上表扬Anya："很好。"

在学生练习的时候，娄老师从不打断学生说话，她一边听一边在脑子里记住他们说错的地方，在练习结束后引导学生注意并纠正这些错误。

案例分析

每位语言老师都有这样的经历：学生在第二语言学习的过程中，总会出现这样或那样的错误，例如不标准的发音、不合规范的语法、不正确的句式使用等。而不管我们怎么指出和纠正这些错误，学生在某一阶段总是不能马上改正这些错误。在这种情况下，我们有时候会感到束手无策，有时候会感到沮丧，有时候还会抱怨学生，为什么这么简单的用法总是不能掌握？为什么同样的错误老师指出以后，还是一而再，再而三地犯？

语言学家认为，学生在学习中出现错误，是一个正常的现象，是难以避免的，在各种各样的原因中，负迁移是一个重要的原因。语言学家和心理学家把语言的迁移分为两类：正迁移和负迁移。正迁移指第一语言的知识和能力对第二语言的学习具有帮助作用，而负迁移指第一语言的知识和能力对第二语言的学习具有抑制作用，其中一个现象就是学生出错，而且较多地出现在语言学习的初级阶段，80%左右的错误都跟学生母语的干扰有关系，比如：英语为母语的学生常犯的错误，"我睡觉了很多（I slept a lot）"。

当学生在口语练习中出现错误的时候，老师应当怎样处理这些的错误呢？是应该马上打断学生纠正错误，还是鼓励他们继续说下去？

我们先看看宫老师的案例。当她听到学生的错误时，立即纠正，而且"一纠到底"。她认为学生出错是一个"坏"的习惯，老师应马上加以纠正以避免"坏"习惯的养成，可是效果怎么样呢？看看她的学生们就知道了，"Jason的声音越来越小"，"Jim已经忘了后半句他想说什么了"。那么，宫老师的方法有什么不妥的地方呢？

1. 当学生说错的时候，打断他们，学生会变得更加紧张，他们的思维会受到影响，这样他们就有可能出现更多的错，也可能根本就说不下去了。

2. 立即纠正学生的错误，只能增加他们的挫败感，孩子们的自尊心非常强，在同学面前反复给他们纠正错误，使他们在别人面前丢面子，丧失自信心，久而久之，他们就会对学习中文失去兴趣，最终放弃中文课。

3. 在小组练习的时候，抓住一个学生的错误，反复纠正，而其他的组员都听着，这样做，浪费了其他同学的学习时间。

4. 宫老师课堂活动的目的是让学生用学过的生词和句型练习买东西，可是宫老师在纠正Jason的声调和Jim的语法错误时，偏离了练习的目标——模拟买东西，学生的注意力被引导到纠正错误上。

让我们再来看看娄老师的课。为了使学生掌握好汉语中时间状语和地点状语的位置，她没有把语法规则再重复一遍，而是安排了一个有趣的游戏，让学生在游戏中掌握状语的位置。这还不够，她还组织学生以小组形式作口语练习。跟宫老师的课一样，学生在练习口语时出现了错误。娄老师是怎么处理学生的错误的呢？

1. 暗示。当Mike说错的时候，娄老师没有打断他，也没有纠正他，只是用手势暗示Mike，启发他自己纠正错误。

2. 耐心等一会儿。当Anya想不起来怎么说"明天"时，娄老师没有替她说出来，而是给她时间慢慢想一想，帮助她建立自信心。

3. 表扬。当Anya在其他同学的帮助下纠正了错句时，娄老师马上表扬

Anya。孩子跟我们一样,都喜欢赞美的话,多表扬、多鼓励就是让学生对自己的中文有信心、有成就感的最好的方法。

4. 不打断。在学生练习的时候,娄老师从不打断学生说话,她一边听一边在脑子里记住他们说错的地方,在练习结束后引导学生注意并纠正这些错误。

作为语言老师,我们对学生的学习错误不是放任自流,不管不问,而是在不伤害他们的自信心和学习热情的前提下,采取有效的措施。希望我们能从宫老师和娄老师的案例中得到启发,结合自己的教学实际,采取适当的纠错策略,改变老是迫不及待地纠正学生的习惯,为学生创造一个轻松愉快的学习环境。

16 教师该不该对学生进行物质奖励？

案例背景

很多来自中国的汉语教师普遍认为在美国的中小学教中文，最纠结的不是语言教学本身，而是课堂教学中出现的管理问题，其中最让他们头疼的事情不是惩罚，而是奖励，即如何通过奖励的方式来鼓励、激发学生学习中文的积极性。合理地给学生以奖励能够促进学生的身心发展，但滥用奖励有时候可能会适得其反，甚至会对教学和课堂管理产生消极的影响。精神上的奖励包括口头表扬、课堂表现加分等。那么，物质奖励呢？老师对于表现好、成绩突出的学生该不该给以物质奖励？这是来自中国的老师十分伤脑筋的问题。

案例描述

在中国具有多年小学教学经验的张老师被分配到美国一所公立小学教授中文。她是经过层层筛选，百里挑一的老师。被选为访问教师来美国任教，张老师非常激动、兴奋。来美前，她就准备了满满一大行李箱具有中国特色的小礼物，准备奖励给她的学生。开学第一天，她就公布了班级实行奖励的方法，即只要学习努力认真，按时完成课前预习和课后家庭作业并在课堂上积极主动发言参加教学活动的学生，都会获得老师从中国带来的小礼品。学生们学习热情高涨，张老师非常满意，带来的礼品频频发给了表现出色的学生，以示表彰奖励。不出两个月，张老师带来的小礼品就都发完了。还有一个月才放假，张老师苦思冥想，怎么奖励表现好的学生呢？于是她决定把礼品奖励改为口头表扬。

一天，学生们在课上出色地做完了张老师布置的角色表演后，眼巴巴地等着张老师给胜出的小组发奖品。只见张老师走到讲台上，面带微笑，对每个小组的角色表演一一进行了讲评，并特意表扬了做得最好的小组及其三个组员。张老师话音未落，这三个学生就站了起来说："老师，今天给我们什么礼物？"接着，班上的学生们七嘴八舌地嚷嚷起来，有的说："老师，我最近每天都按时完成提交作业，而且也做了不少额外的加分作业，为什么还不发给我礼物呢？"还有的说："我每天上课不迟到、不早退，课上积极主动举手发言，用中文回答问题，您早就该发给我礼物了！"这时，班上一个平时上课经常迟到，对学中文颇有抵触情绪的学生突然站起来，激动地大声喊着："给礼物，给礼物，老师必须给我们礼物，不给我们就不写作业，不给我们就不好好儿上课……"课堂上学生们你一言我一语地大声嚷嚷着，课堂秩序变得有点混乱，刚刚在角色剧表演中表现出色的三个学生虽然没有大声喧哗，但也面露不悦，不停地嘟囔着。张老师开始大声地维持课堂纪律，也没有作任何解释，就继续上课了。但接下来的半堂课，学生们的积极性明显不高。

案例分析

在美国的中小学，很多老师都在课堂上使用奖励的方法。合理地实施奖惩不但可以促进学生的身心发展，而且还能最大限度地调动学生的学习积极性，有效地维持课堂秩序。斯金纳（Skinner）在其行为矫正理论（behavior modification）中指出，教师需要矫正学生在课堂上的各种行为，否则学生将无法达到自我控制。因此教师可以使用鼓励、表扬、惩罚等方式达到矫正的目的。案例中张老师就是试图用其从中国带来的小礼品作为奖励来激发学生学习中文的积极性，纠正学生在课堂上的不良行为。

关于奖励方式，Christopher Knapper的研究把奖励划分为两种，一种是物质奖励，另一种是精神奖励。张老师奖励学生小礼品就是一种物质奖励方式。一般来说，美国教师在使用物质奖励时，都会注意在使用前加强对学生的引导，避免误导学生的价值观，让他们以为学习的目的就是单纯地为了获得老师的礼品。如果滥用物质奖励，很多时候会混淆学生的学习动机，使学生认为礼品很重要，久而久之，学生就会对礼品产生盲目崇拜，导致学生错误地认为写作业、积极参加课堂活动、考试考出好成绩就是为了获得奖励，进而对所学知识漠不关心。这当然不利于学生的身心发展。由于部分学生只重视张老师发的是什么礼品，把礼品和礼品的价值看得比学习更重要，因此课堂上出现了学生纷纷找老师索要礼物，吵吵嚷嚷，无法安静下来认真听老师讲课的局面。

老师对学生的奖励效果与奖励方式和所奖励物的刺激强度有关。过强的物质奖励会对学生的行为产生强烈的影响，导致以后弱刺激奖励方式对学生没有作用。从刺激强度来看，用礼品作为对学生学习的奖赏的刺激强度要远大于表扬和赞许。张老师在奖励学生同时，没有全面考虑班上不同学生的学习动机。学习中文的学生一般分为两种：一种是具有内在动机，本身就喜欢学习中文；另一种缺乏内在动机，根本不喜欢学习中文。对于第一种学生，老师不需要过多奖励，因为奖励这样的学生无法增强他们的学习动机，甚至还容易使他们对奖励产生依赖。奖励行为使学生在心里把写作业、参与课堂活动、上课积极发言等与奖励物挂钩，老师一旦不给予奖励就会削弱他们的内在学习动机。对于第二种学生，老师则有必要实施奖励。适时适当地奖励第二类学生，可以增强他们的学习自信心，使他们对学习中文产生兴趣。

海外中小学教师的"奖品"并不仅限于物质和赞许表扬，而是丰富多彩、花样繁多的。以下这些"奖品"，或许我们不一定能完全借用，但仍会有很大的启发。

1. 坐老师的座位；
2. 照顾一天班里饲养的小动物；

3. 和他喜欢的人一起午餐；
4. 教师给学生家长打表扬电话或发表扬电子邮件；
5. 排队时站在最前面；
6. 减少作业量；
7. 挑选午餐音乐，让学生从家里带来磁带或CD课间休息时播放；
8. 把班里的录音机带回家一晚；
9. 使用彩色粉笔；
10. 邀请校外嘉宾来班里做客；
11. 上课期间随时可以喝水；
12. 随时可以用卷笔刀；
13. 把班里饲养的小动物带回家一晚；
14. 在低年级做服务；
15. 给图书管理员做助手；
16. 邀请其他班的一个朋友来班里共进午餐；
17. 选择一本课外读物由自己或让老师读给大家听；
18. 按自己的意愿换座位；
19. 把动物玩具放到桌子上；
20. 跟老师共进午餐；
21. 获准用班里的录音机录一个故事；
22. 在游戏中做主持人；
23. 获得更多休息时间；
24. 读书给低年级的学生听；
25. 休息时第一个挑选活动器材；
26. 为班里选择课堂上观看的电影。

17 给学生讲故事也要讲究方法吗？

案例背景

  灰姑娘是《格林童话》中塑造出的人物，讲述的是一个吃苦耐劳、心地善良又孝顺的女孩子的故事。灰姑娘曾经有个幸福的家庭，有父母亲的关爱和呵护，是世界上最幸福的小女孩儿。不幸的是，灰姑娘的母亲去世后，她的父亲娶了狠心的继母，继母还带来了两个异父异母的姐姐，灰姑娘的命运随之改变。继母和她带来的两个女儿每天都虐待她，强迫她洗衣做饭，把家里所有苦活累活都交给灰姑娘一个人做，而且还对她百般凌辱和讥讽。灰姑娘每天忙得累得没有时间打扮自己，整天都是灰头土脸的，受尽了那母女三人的欺凌。后来由于她善待小动物而感动上天，得到了仙女的帮助。皇宫送来了小王子举行聚会的请帖，灰姑娘的命运从此有了转变。灰姑娘的继母和两个姐姐百般阻挠，不让灰姑娘去参加舞会，但她不顾她们的不屑与反对，坚持去参加。仙女来助这个善良女孩一臂之力，使她架着南瓜马车去参加舞会，并在聚会上与小王子成为朋友。然而午夜12点的钟声即将敲响，魔法快要消失，灰姑娘慌忙离开，掉落了一只水晶鞋。王子凭这只水晶鞋找到了灰姑娘。后来灰姑娘又经过了重重考验，在历尽继母和两个姐姐的百般阻挠后，终于与王子过上了幸福快乐的生活。

  这个故事告诉我们，人只要有信念和梦想，丑小鸭也能变成白天鹅；人的美丽不在于外表，更在于内心；人不要欺负比自己势弱的人，风水总是轮流转，真爱是不会被美色和金钱迷住双眼的。后来人们常用"灰姑娘"这个词去形容那些外表不出众但是内心善良、性格可爱的女孩。

案例描述

上课铃响了,郭老师带着课本和固有的自信走进了教室。今天她要给一个初中班的学生们讲在西方家喻户晓的灰姑娘的故事。

郭老师:《灰姑娘》是《格林童话》还是《安徒生童话》里的故事?作者是谁?哪年出生?作者的生平事迹是什么?这个故事的重大意义是什么?

学生:郭老师,这些问题您会考我们吗?

郭老师:不一定,但是既然学了灰姑娘的课文,这些内容你们都必须掌握。现在我们开始讲课文。谁先给分一下段,并说明一下这么分段的理由。

学生甲:我觉得应把前后各分一段……

学生乙:我认为中间部分可分为一段……

学生丙:我们应该把最后部分分为一段……

郭老师:请大家注意第二段中的这句话。这句话是个比喻句,是明喻还是暗喻?作者为什么这么写?

学生:不知道/不清楚(这时课上有人开始打瞌睡。)

郭老师:大家要精力集中,认真听讲。你们看这个词,我如果换成另外一个词,可以吗?课文里的词好还是老师换的这个词好?大家有没有注意到,这段话如果和那段话的位置换一换,行不行?为什么行?为什么不行?

学生们一脸茫然、一头雾水,无人能够回答郭老师的问题。

郭老师:今天课上怎么这么多人睡觉啊?你们要知道,上课的时候不好好听讲就不能考出好成绩…… 灰姑娘式的童话在世界各地流传,虽然各个地区、各个作者的《灰姑娘》故事不完全相同,版本诸多,但这些故事归纳起来都有以下的几个共同要素:一位善良而不幸的女主人公,女主人公母亲的离世,新家庭成员对女主人公的欺侮,帮助女主人公克服难题并最终为她带来幸福的神奇力量,用于识别女主人公的一件物品是什么呢——水晶鞋。

那么富有丰富教学经验的郑老师是如何讲授"灰姑娘"的故事呢？

上课铃响了，学生们争先恐后地跑进教室，这节课老师要讲的是《灰姑娘》的课文。郑老师先请一个自告奋勇的学生走上讲台给同学们讲了一下这个故事的大意。讲完后，郑老师对他表示了感谢，然后开始向全班提问：

1. 最喜欢谁和最不喜欢谁？

老师：你们喜欢故事里面的哪一个？不喜欢哪一个？为什么？

学生：我们喜欢灰姑娘和王子，不喜欢灰姑娘的后妈和后妈带来的姐姐。因为灰姑娘善良、可爱、漂亮。后妈和姐姐对灰姑娘不好。

2. 一定要做一个守时的人。

老师：如果在午夜12点的时候，灰姑娘没有来得及跳上她的南瓜马车，大家动脑筋想一想，可能会出现什么情况呢？

学生：灰姑娘可能会变回原来脏兮兮的样子，可能还是穿着破旧不堪的衣服，在王子面前丢尽颜面。

老师：所以，做一个守时的人是多么重要啊，不然就可能会给自己带来麻烦。另外，你们看，你们每个人平时都要注意仪表，把自己收拾得干干净净、打扮得漂漂亮亮的，千万不要邋里邋遢地出现在别人面前，不然会吓着朋友们，自己也很没有面子。

3. 学会换位思考，学会博爱。

老师：下面请大家回答下一个问题，如果你是灰姑娘的后妈，你会不会阻止灰姑娘去参加王子的舞会？你们一定要诚实地回答哟！

学生：（过了一会儿，有学生开始举手回答）是的，如果我是灰姑娘的后妈,我也会阻止她去参加王子的舞会。

老师:为什么?

学生:因为,因为我爱自己的亲生女儿,我希望自己的女儿当上王后。

老师:是的,所以,我们换个角度来看,后妈很爱自己的孩子。所以她会阻止灰姑娘去参加舞会。这是合情理的。但后妈平时对灰姑娘怎么样?

学生:不好,她总是欺侮灰姑娘。

老师:是的,后妈的爱很自私,自私到不惜伤害别人,但是爱不是恶行的理由。大家想想,如果后妈平时善待灰姑娘,再大度地带她去舞会,祝福她和王子幸福,她和她的女儿将会得到什么?

此时,学生们议论纷纷,他们相信后妈一家会生活得很好。

4. 我们需要很多的朋友。

老师:下一个问题,灰姑娘的后妈不让她去参加王子的舞会,甚至把门锁起来,那她为什么能够去,而且还成了舞会上最美丽的姑娘呢?

学生:因为有仙女帮助她,给她漂亮的衣服穿,还把南瓜变成马车,把狗和老鼠变成仆人。

老师:说得对,说得很好!你们想一想,如果灰姑娘没有得到仙女的帮助,她是不可能去参加舞会的,是不是?

学生:是的!

老师:如果狗、老鼠都不愿意帮助她,她可能会在最后的时刻成功地跑回家吗?

学生:不会,那样她就可以成功地吓到王子了。(全班同学大笑)

老师:虽然灰姑娘有仙女帮助她,但是,光有仙女的帮助还不够。所以,同学们,无论走到哪里,我们都是需要朋友的。我们的朋友不一定是仙女,但是,我们需要他们,我也希望你们有很多很多的朋友。

5. 要爱自己，给自己机会。

老师：下面，请你们想一想，如果灰姑娘因为后妈不愿意她参加舞会就放弃了机会，她可能成为王子的新娘吗？

学生：不会！那样的话，她就不会到舞会上，不会被王子遇到、认识并爱上她了。

老师：对极了！如果灰姑娘不想参加舞会，即便后妈没有阻止她，甚至支持她去，也是没有用的，是谁决定她要去参加王子的舞会？

学生：是她自己。

老师：所以，孩子们，即便灰姑娘没有了妈妈，她的后妈也不爱她，这也不能够成为她不爱自己的理由。就是因为她爱自己，她才可能去寻找自己希望得到的东西。如果你们当中有人觉得没有人爱，或者像灰姑娘一样有一个不爱自己的后妈，你们会怎么样呢？

学生：要学会爱自己！

老师：说得对，没有一个人可以阻止你爱自己，如果你觉得别人不够爱你，你要加倍地爱自己；如果别人没有给你机会，你应该加倍地给自己机会；如果你们真的爱自己，就会为自己找到自己需要的东西，没有人可以阻止灰姑娘参加王子的舞会，没有人可以阻止灰姑娘当上王后，除了她自己。对不对？

学生：是的！

6. 你们会比伟大的作家更棒！

老师：最后一个问题，你们有没有发现这个故事有什么不合理的地方？

学生：（过了好一会儿）午夜12点以后所有的东西都要变回原样，可是，灰姑娘的水晶鞋却没有变回去。

老师：哇，你们太棒了！你们看，就是伟大的作家也有出错的时候。所以，出错不是什么可怕的事情。我相信，如果你们当中谁将来要当作家，一定比这个作家更棒！你们相信吗？学生们高兴得欢呼雀跃。

案例分析

同样一个灰姑娘的故事，如果切入的教学层面不一样，课堂的教学收效也是不一样的。在国外教授中文的中国外派教师往往习惯于考虑问题的预设与生成，但其结果是，学生的反应往往超出了教师的预期范围，他们的答案根本不是像教师备课本上应该出现的那样。到底是什么原因让师生在教学的过程中相互"折磨"——老师嫌学生吵，课上不集中精力听讲，而学生又嫌老师的课枯燥、无聊、沉闷？

其中的一个主要原因在于新手型教师上课前往往都已经写好了教案、制作好了"剧本"，教学就成了上演"剧本"，而学生就要配合"剧本"的角色进行"表演"。试想一下，有谁愿意成为别人剧本的配角而不是成为自己剧本的导演？因此一旦学生没有按照"预设"那样"生成"该有的答案时，教师就只能够怪学生不集中精力听讲、不听话。而上课究竟是为了教知识还是为了培养学生素质？对于这个问题我们一直纠缠不清。事实上，每门课的功能首先应该着重授"渔"而不是授"鱼"。

以《灰姑娘》的故事为例：由夜里12点、破旧的衣服、守时的行为、得体的仪表，这些都让学生知道人性的弱点并学会体谅别人。从仙女、狗、老鼠的帮助，让人们感受到人需要更多的朋友。从灰姑娘最初被阻止去舞会到最终去成这件事情上，要让学生学会爱自己并坚持寻找希望。午夜12点水晶鞋没有变回原样——面对出错的态度要坦然并鼓励学生将来能够成为更棒的作家。一个故事被郑老师解剖成六个切面，人世间最珍贵的爱、宽容、友情、坚持以及诚恳都一一展现在学生面前。由学生自己摸索问题的答案，这种随着学生的"生成"再进行"预设"，接着再"生成"，表面看上去离教师的"鱼"太远，实际上学生

"渔"已经到手！下次再上语文课，学生就能够尝试自己思考问题，比起等老师抛出问题再进行思考来得更妙。

因此，教学的终极目标不是教知识，而是教会学生学习的方法。这个标准，无论对于教师还是学生来说，都是一个达到共赢的桥梁。为了尽早看到这个美好的局面，作为教师，我们真的需要不断调整教育意识以及修炼自己处理教材的能力。

从这个案例中我们看到，郭老师在拿到课文之后第一想到的是本课的生词是什么，哪个段落比较好，要让学生背一下，作者的简介是什么。总之，第一想到的就是考试会考什么就重点给学生讲什么。在这种思想的支配下，教师把更深的挖掘故事、解读人物放在次要地位，让考试和分数挤掉了教师对孩子的人格、良好行为习惯的培养以及健康心理的塑造。

郑老师的授课方法让人感到教师对学生的尊重。当学生讲完故事时，教师对他表示感谢，这说明了师生之间的平等关系，这一环节教师也把自主权交给了学生。教师让学生想一想午夜12点之后会发生什么事，给学生留下了思考的空间，让学生展开合理的想象。在课上老师还引导学生无论走到哪里，我们都是需要朋友的，潜移默化地告诉学生生活中他们所需要的知识。

郑老师的教学理念是，教育就在我们身边，要不失时机地在启发学生思考的同时，抓住一点一滴的机会对学生进行教育。常人司空见惯的事情换一个角度想一想，也许就是一次不同寻常的教育机会，让学生懂得：要从当事者的角度思考其深层次的原因，从而理解对方，并寻找到更好的解决方式。

培养学生换位思考的能力有利于培养和发挥学生的综合能力。比如：教师再问"你会不会阻止灰姑娘去参加王子的舞会"的问题时，告诉学生"你们一定要诚实哟！"从这一点就不难看出美国教师除了要学生诚实外，最主要的是培养学生换位思考的方法，让学生站在灰姑娘的后妈的角度考虑问题，全面分析灰姑娘后妈的思想，从而可以延伸到以后遇到问题时，要全面思考，辩证对待，任何行为背后都是有原因的，找到原因的目的不是为了看清人性的自私或丑陋，而是为了因势利导，更好地解决问题。

两位教师讲的是同一个故事，为什么看待问题的观点会截然不同呢？相比之下，郑老师的思维方式灵活多样且符合实际，通过灰姑娘如果没有在午夜12点以前跳上南瓜马车的设想，教育学生们一定要注意自己的仪表；通过假想或角色剧来表现灰姑娘和她的后妈及两个姐姐的关系，鼓励学生们要学会像关爱自己家人一样去关爱身边的每一个人；通过仙女的帮助，促使大家都成为善于帮助别人的人；最后，最大限度地启发学生们的思维，让他们勇于找到不足，知道人无完人，就算很伟大的作家也有疏漏之处，所以我们只有做得更好才能弥补不足，使自己的价值体现于世！

这个案例告诉我们，汉语教师在教授语言能力和技能技巧的同时，把课堂的自主权交给学生，通过设计一系列巧妙的问题，对学生循循善诱、耐心引导，让他们全面、准确、深刻地理解课文。同时教师还要不断尝试让学生从多种角度去思考问题，换一种方式来解决问题，也许会收到意想不到的效果。为了培养学生独立自主思考问题的习惯和能力，教师还可以将所教授的课文内容和现实中的种种行为联系起来，并尝试鼓励学生超过文章的作者，青出于蓝胜于蓝，使其将来成为更伟大的人。

18 初级汉语教学阶段如何培养学生目的语的交际技能？

案例背景

冀老师从中国一所师范学院毕业后，在中学里任语文教师。两年前，他通过了国家汉办的考试，被派到美国西部某城市的一个中学讲授汉语课程。这个中学第一次开设汉语课，冀老师教的是7年级的学生，都是零起点。冀老师觉得学习汉语，基础很重要，所以在制订教学计划时，把重点放在打好语言基础上，3个星期学习发音，从声母、韵母开始，一直到拼音规则。一个学期下来，学生只学会了简单的问候语，很多学生开始退出汉语课。冀老师很着急，问题出在哪里？

去年暑假，他有幸参加了当地孔子学院举办的汉语教师职业培训班，了解到"美国21世纪的外语教学理念和发展方向——培养具有实际沟通能力的外语人才"。外语学习的核心是"5C"标准（Communication, Culture, Connection, Comparison, Community）以及交流的3种模式（Interpretive Mode, Interpersonal Mode & Presentational Mode）。在培训班上，冀老师还跟其他老师一起讨论了在教学中运用5C标准的体会和经验。

从培训班回来后，冀老师重新制订了他的教学计划，以5C标准为宗旨，以交际能力为目标，精心安排课堂活动。一个学期下来，课堂的学习气氛越来越轻松，学生们的积极性越来越高涨。冀老师是怎样取得这样的教学效果的呢？让我们通过下面的案例来看看冀老师是如何在教学中实施21世纪外语教学理念的。

案例描述

冀老师的教学设计不是以语法—课文为主，而是以主题为中心。这个单元的教学主题是旅行，内容是旅行计划，包括目的地、时间和交通工具。

上课了，冀老师发给每个学生一张中国地图，并让他们圈出一个他们最想去的地方。为了让学生能用汉语表达他们的旅行计划，冀老师没有按照传统的"词汇—语法—课文"的教学方法，而是在语言材料的处理上以句型为主，带动词汇、汉字的学习。冀老师在这一课设计的句型是"我打算……"，例如，"我打算到北京去旅行""我打算坐飞机去旅行""我打算明年去旅行"，等等。

任何句型都需要一定的词汇来支撑，而相应的汉字也会跟进。冀老师对进入教学的词汇进行筛选，把句型必须要用到的词汇作为"必学词"，而用来做替换练习的词汇作为补充词。教授词汇时，冀老师没有使用传统的"发音—翻译"方法，而是使用各种视觉教具（图片、地图、日历、词卡等等）来帮助学生掌握新词的词义。然后，冀老师把学生分组，通过下列活动来巩固新词汇：

- 冀老师把上述句型和若干种交通工具以及城市的图片放在黑板上，提问学生，学生逐一认知名称并回答问题。
- 把图片给每个学生，学生分组竞赛抢答。
- 学生之间互相给指令练习听和说，并将词卡放在正确的位置上。

在理解掌握了必要的词汇和表达句型以后，课堂的大部分活动是以交际能力为目标的语言交流练习，目的是把教学内容转换成学生目的语的交际技能。冀老师安排了各种学生与学生、学生与老师的互动。

- 学生两人一组，就对方的旅行计划互相提问。
- 分小组活动，一个人叙述其旅行计划，其他人在地图上找出目的地，并标出旅行日期和方式，然后全组讨论。

接下来，冀老师安排每个学生用中文演示自己理想的旅行计划，包括旅行的日期、出发城市和游览的城市，以及每一站的交通工具。演示分口头报告和书面报告两种：口头报告要求使用视觉辅助，书面报告要求书写完整的句子。

在单元学习的最后环节，冀老师根据学生旅行计划的目的地，把学生组成不同的小组，上网查找资料和图片，比较中国和美国城市的差异（例如：人口、天气，等等），并向全班演示。

案例分析

20世纪90年代，美国政府制订出一套国家级外语课程标准，该标准的核心是美国21世纪外语学习目标，即"5C"（交际、文化、连贯、对比、社区），它代表着当代最新的外语学习理论，是美国21世纪外语教学发展的方向——培养具有实际沟通能力的外语人才。其他国家也提出了类似的外语教学原则。加拿大哥伦比亚省提出的外语教学的四个原则是：交际、获得信息、体验创造性工作、理解文化与社会。澳大利亚维多利亚省强调两个原则：发展交际能力、了解不同的社会和文化。泰国教育部制订了四个原则：获得交际能力，了解目的语及其文化与泰文化的异同，目的语与其他课程内容相连，目的语在学校、社区和社会的应用。

从这些国家或地区提出的外语教学的原则中可以看到两点共性：一个是交际能力的培养是外语教学的主要目标，另一个是母语文化和目的语文化的对比。伴随着近年来"汉语热"现象的不断升温，在中文教学中融入"交际技能"和"文化比较"的教学理念已成为汉语教学的必然趋势。

那么，冀老师是怎样在他的初级汉语课堂上实施这样的教学理念的呢？冀老师培养学生交际能力的措施体现在"5C"的交流模式上：理解诠释模式（Interpretive Mode），人际沟通模式（Interpersonal Mode）和表达演示模式（Presentational Mode）。

首先，让我们看看冀老师怎样运用理解诠释模式的特点，培养学生的交流能力。"5C"中的理解诠释模式（Interpretive Mode）是单向的交流，需要运用听、读、看的能力解读和诠释口头或书面的信息。为了避免单向交流时可能出现的误解和疑惑，老师要提供各种方式，帮助学生理解新的语言点。在这一教学环节中，冀老师使用真实环境的教具，比如：词卡、图片、地图、日历等，为学生创造了有意义的语言环境，使学生见其物、思其意，把实物与词义联系起来。冀老师还设计了多种课堂活动，帮助学生理解听到的信息，比如，"竞赛抢答"活动，把学生分成若干小组，每个组员有一张不同的交通工具的图片。当老师说出"火车"时，持有火车图片的人应该马上站起来。第一个站起来的人，其所在小组得分。这样的活动也使学生增强了学习兴趣，让课堂气氛更加活跃。

人际沟通模式（Interpersonal Mode）具有一来一往、一问一答双向交流的特点，是运用听、说、读、写所有技能的参与而达到口头或文字沟通的目的。这个模式的最大特点是双方可以对所要表达和沟通的"意思"进行猜测、讨论，通过肢体语言、面部表情，以及其他方式的协助，确定要表达的"意思"是否被理解，还要根据对方的反应，随时对自己的表达进行调整、修正。冀老师在这个教学环节中，采用多种交际任务活动，培养学生实际交流的能力。例如，冀老师组织学生进行一对一的交流，互相问答，获取对方旅游计划的信息，交流注重语言信息表达的整体性。另一个活动是小组集体完成一个交际任务（一个人描述他的旅行计划，其他人在地图上找出出发城市和到达城市，并标出旅行时间和方式）。这个交际任务要求全体组员合作，确定交流信息的准确度，达到最终的交际目的（旅行计划的具体内容）。这样的教学活动不仅使学生有机会互相沟通、演练，而且在交流的过程中，可培养学生的团队合作精神。

冀老师还十分重视表达演示能力的培养。表达演示模式（Presentational Mode）也是单向的交流，是运用说和写的能力表达自己的意思，将不同理念及内容表达给听众或读者。这个模式要求演示者要用目的语文化圈的人能够明白的语言及文化来表达自己的意思。冀老师在这个环节，安排了口头报告和书面报告两种演示形式。学生可以自由发挥他们的想象力，根据自己的喜好，设计一个理想的旅行计划，并配上自制视觉文件（例如：PPT、图片、模型、展板、微电影等），然后向全班作口头演示。这个活动给了学生一个综合运用语言知识和交流技能的机会，是必不可少的教学步骤。这样的教学活动使学生在其乐融融中完成中文课的学习。除了语言交际能力的培养，冀老师从来没忘记汉语教学的另一项原则：母语文化与目的语文化的比较。所以，在表达演示的环节里，加入了文化比较的项目，扩大了学生的视野。

　　冀老师的经验告诉我们，要想使汉语教学纳入全美外语教学的轨道，汉语教师在教学设计和课堂活动的安排上，就必须以"5C"标准为原则，把教学内容与学生的实际生活相结合，激发学生对所设定话题的兴趣，并为学生创造一个用中文有效沟通、表达自我的平台，从而培养具有实际沟通能力的外语人才。

19 中文阅读课是否可以先"学"后"教"？

案例背景

房老师是中文专业出身，在国内教高中语文课，对各种语文教材和教法都十分熟悉。去年，房老师被汉办派到美国一所中文旗舰项目的高中教汉语。这学期，房老师教的是10年级中文班的阅读课，这个班的学生从小学一年级就开始学习汉语，有比较好的汉语基础，大部分学生都通过了汉语水平考试的4级，有的学生考过了5级。

房老师要讲的阅读课是郑和下西洋的故事。按照传统的课程设计，应该先教词汇，再教语法，然后学习课文，翻译课文，最后做练习，留作业，小考。可是，房老师发现这样的教学设计不能引起学生的学习积极性，课堂沉闷，学生提不起精神，学习效果不理想。这样的教学设计把课堂的全部时间都放在知识的传授上，所以呈现出老师满头大汗地讲、学生无精打采地听的"一言堂"局面。而且，每个学生的接受能力不一样，尽管老师讲得非常清楚，有的学生还是听不懂。下课以后，学生又忙着去上别的课，根本没有时间把不懂的知识弄清楚。放学回家以后，作业不会做，需要帮助的时候，老师不在身边，找不到其他求助的方法，所以作业完不成。久而久之，学生就失去了学习的兴趣。

怎样才能克服这些弊病，使课堂教学时间变得更有效、更实用呢？房老师决定放弃传统的课程设计，采用"翻转课堂"教学模式，将传统课堂颠倒，由"教—学"变成"学—教"。

案例描述

房老师的新教学设计的重点是有效利用课堂的面对面教学时间，提供更多的师生、生生的互动机会。为了达到这一目的，房老师把要在课堂讲授的语言内容做成视频，传到网上，要求学生在课前自己学习。这样，他可以在课堂时间安排各种练习活动，促进新语言知识的内化过程。房老师视频的特点是：

1. 与教学录像不同，这些视频画面只突出要讲解的教学内容，配有声音，就像老师和学生同坐在一张桌子面前，一起学习，让人感到贴心。

2. 教学视频分成若干短小片段，每个小段视频只有8—10分钟，都针对一个特定的问题，有较强的针对性，查找起来也比较方便，比如词汇视频、短语视频等。视频的长度控制在学生注意力能比较集中的时间范围内，符合学生身心发展特征。视频具有暂停、回放等多种功能，可以自我控制，有利于学生的自主学习。

3. 在每一小段视频的最后，房老师设计了几个小问题，学生可以通过回答问题来自我检验理解的正确度。如果发现回答得不好，学生可以回过头来再看一遍。学生回答问题的情况，能够及时地通过云平台进行汇总处理，帮助教师了解学生的学习状况。

4. 在课文视频里，房老师设计的问题都是理解性问题，只要学生能看懂课文，就能找出答案。例如：郑和第一次航海是哪年？郑和一共有几次航海？房老师把那些需要思考和讨论的问题安排在课堂时间进行，这样老师可以提供及时的帮助和指导，学生之间也可以互相帮助。

当学生来到课堂，房老师设计了各种活动，促进新的语言知识的吸收内化。他设计了3次讨论课，第一次讨论课，他把学生分成小组，讨论问题。例如，郑和是什么样的人？郑和远航中发生了哪些事情？他的船队到过哪些国家？这些问题帮助学生深入理解课文内容，学生要用新学到的词汇回答问题。房老师向有困难的学生提供单独帮助。第二次讨论课，他给学生布置了3个任务：

1. 绘制郑和七次下西洋的路线图；
2. 列出郑和航海中遇到的困难和他们的应对措施；
3. 郑和和他的船队怎样促进了经济文化交流和友好往来。

学生们自愿组成任务组，合作完成任务，并向全班报告。第三次讨论课，房老师要求学生收集资料，把郑和航海和哥伦布航海作一下比较，包括：航海的时间、次数、船员人数、船只数量、航行距离等具体信息，以及文化交流等东西方的文明发展。

案例分析

"翻转课堂"（Flipped Classroom或Inverted Classroom）是一种新的教学模式。2007年，由美国科罗拉多州Woodland Park High School两位化学老师Jonathan Bergmann和Aaron Sams，开始使用视频软件录制PPT并附上讲解声音，传到网络，以此为缺席的学生补课。不久他们进行了更具开创性的尝试——逐渐以学生在家看视频、听讲解为基础，在课堂上，老师主要进行问题辅导，或者对做实验过程中有困难的学生提供帮助。

翻转课堂的特点是：扭转过去课堂上纯粹"老师说、学生听"的单向填鸭，转而重视"以学生为中心"的教学，重新调整课堂内外的时间，将学习的决定权从教师转移给学生。在这种教学模式下，课堂内的宝贵时间，学生能够更专注于主动的学习，共同研究解决面临的问题，从而获得更深层次的理解。教师不再占用课堂的时间来讲授信息，这些信息需要学生在课下完成自主学习。他们可以看视频讲座、听播客、阅读功能增强的电子书，还能在网络上与别的同学讨论，能在任何时候去查阅需要的材料。教师也能有更多的时间与每个人交流。在课下，学生自主规划学习内容、学习节奏、风格和呈现知识的方式，教师则采用协作法来满足学生的需要和促成他们的个性化学习，其目标是为了让学生通过实践获得更真实的学习。

通常情况下，学生的学习过程由两个阶段组成：第一阶段是"信息传递"，是通过教师和学生、学生和学生之间的互动来实现的；第二个阶段是"吸收内化"，是在课下由学生自己来完成的。由于缺少教师的支持和同伴的帮助，"吸收内化"阶段常常会让学生感到挫败，丧失学习的动机和成就感。"翻转课堂"对学生的学习过程进行了重构。"信息传递"是学生在课前进行的，老师不仅提供了视频，还可以提供在线的辅导；"吸收内化"是在课堂上通过互动来完成的，教师能够提前了解学生的学习困难，在课堂上给予有效的辅导，同学之间的相互交流更有助于促进学生知识的吸收内化过程。

Benjamin Bloom把认知目标分成六个阶层，"知识"是最低的阶层，"评价"是最高的阶层。

- 知识（Knowledge）
- 理解（Comprehension）
- 应用（Application）
- 分析（Analysis）
- 综合（Synthesis）
- 评价（Evaluation）

从Bloom的认知领域教学目标观点分析，传统教学情境里，教师能训练学生的多半是低阶层的"知识"和"理解"思维能力，到了中级的"应用"和"分析"能力，一般还可以借助练习和测验来达到，但是最高阶的"综合"和"评价"能力则常因讲授模式的时间有限与互动不足，而无法由教师引导完成。在翻转课堂里，低阶的"知识"和"理解"思维能力是由学生自主学习完成的，而"应用""分析""综合"和"评价"等高阶的能力，则可借助课堂上教师引导以及学生之间的互动、讨论、合作学习来达成。

在汉语教学中,怎样设计"翻转课堂"呢?房老师的案例给了我们很好的启示。他的"翻转课堂"设计分两部分:学生自学、课堂活动。

学生自学部分他是这样设计的。根据学生的年级(10年级)和汉语水平(汉语水平考试4—6级),房老师把词汇的学习和课文的理解(知识传授部分)做成视频,上传到网上,由学生根据自己的时间和学习习惯自行安排自主学习。这些视频短小精悍,图像加音频,从学生的角度出发,就像和老师一对一的学习。学生还可以通过回答视频提供的小问题随时检验自己的学习成果。老师可以通过云平台了解学生的学习情况。这样房老师可以将面对面的教学时间用于解决个别问题,以及进一步用以发展高阶的能力(如Bloom的认知领域里的"应用""分析""综合"和"评价"等高阶的能力)。

那么,在面对面的课堂教学上,房老师安排什么活动来培养"应用""分析""综合"和"评价"等高阶的能力呢?他把学生分成小组,每个小组集体协作完成一项任务,例如:绘制郑和七次下西洋的路线图,列出郑和航海中遇到的困难和他们的应对措施,郑和和他船队怎样促进了经济文化交流和友好往来等。然后,每组向全班报告。各组的报告整合在一起,就是对郑和航海故事的一个全面总结。为了扩大学生的视野,提升分析、评价能力,房老师还引导学生把郑和航海跟哥伦布航海作了比较,从航海的时间、次数、船员人数、船只数量、航行距离等具体信息到文化交流等东西方的文明发展,学生们查询资料,综合分析,自由讨论。这样的活动不仅为学生运用目的语进行实际交流提供了一个平台,同时也培养了学生的认知能力。

"翻转课堂"是一种教学模式,汉语老师在使用这种模式时,应考虑学生的语言能力和学习环境。同时,教师要学会如何支配课堂上多出来的这些时间,课堂的对话和讨论,需要教师做出精心的准备和细致的观察,真正做到因材施教。

"翻转课堂"之所以成功,是因为课堂讨论所带来的学生"吸收内化"学习过程效益的提升。此外，要做好角色转换。首先，教师的角色从传统的圣人角色转变成导师；其次，学生的角色更加突出学习的主体性和必要的主动性，因为如果没有一定的主动性，翻转课堂中的学习无法进行，需要学生的主动操作和主动思考；家长的角色转变，家长在传统的教育思想体系下很难接受新型学习模式，因此，要让家长也能够理解新型教育方式，从而营造良好的学习环境和氛围。

如何在AP[1]中文课中运用文化体验教学模式

案例背景

　　景老师几年前获得美国俄勒冈州汉语教学执照，在一所高中教汉语。这个学校的一些学生在小学阶段受过汉语沉浸式教育，也有一些学生参加过夏令营汉语集中培训班，还有的学生参加过周末学校的中文班，而且进入高中后，这些学生一直注册该学校的中文课。最近，学生和家长们向学校提出建议，希望能开设AP中文课，帮助这些学生通过AP中文测试。学校把这个任务交给了景老师。于是，景老师对AP中文测试和课程设计进行了全面的研究。

　　AP是Advanced Placement的英文缩写，是指美国高中生在中学阶段选修大学课程后参加相应考试，凡达到大学相应课程标准者，获取大学承认的学分。AP中文的全称是汉语与文化先修课（AP Chinese Language and Culture），是美国大学理事会2003年新增设的4种AP语言课程之一（另3种语言为日语、俄语和意大利语）。2006年开始教授该课程。2007年举行首次正式考试。中文AP课程的开设标志着汉语真正走入了美国的主流课堂，是美国大学理事会为促进美国中学进行多元文化、多种语言教育而采取的重要步骤之一。优异的AP中文考试成绩可帮助学生获得大学外语学分，能直接选修大学三年级的中文

---

1. 大学先修课程（Advanced Placement，缩写AP）是在美国和加拿大等国的高级中学中，由美国大学理事会（College Board）赞助和授权的高中先修性大学课程，至今一共有34门科目可供修读。AP课程相当于大学课程水平，比一般的高中课程更深入、复杂和详细。学生通过AP考试得到的学分，可以同等换取相应的大学学分。

高级课程或两者兼得。

AP中文的特点是以《21世纪外语学习标准》为基础，重视实际沟通交际，强调沟通和完成任务。这一《标准》的核心就是通常所说的"5C"：Communication（沟通）、Cultures（文化）、Connections（贯连）、Comparisons（比较）和Communities（社区）。这5项标准是不可分割的，它们相互作用，相辅相成。《标准》强调：学习外语的最终目标是使用这种语言；在语言教学中文化的重要性，语言与文化的有机结合；在比较、灵活的运用中学习语言。

AP中文的另一个特点是：语言与文化相结合。AP中文（汉语与文化先修课）这一课程名称本身就说明了文化内容在其中的比重。在《2008汉语与文化先修课程概述》中有比较明确的说明："语言和文化是密不可分的，介绍中国文化知识是汉语与文化先修课程中的重要组成部分。本课程旨在通过帮助学生比较中美在文化产品、行为方式、价值观念等方面的差异来增长见闻，最终在博大精深的汉语言文化背景下，学生将超越对文化产品的认知和文化行为的理解，以中国的方式看待这个世界，达到对中国文化的体认。"

怎样才能上好AP中文课，为学生们搭建一个平台，不仅可以学习汉语、使用汉语，而且还能了解并体认中华文化及其内涵，积累有效而得体的、符合中国人习俗的交际经验，从而顺利地完成各种交际任务？景老师经过反复思考和分析，决定采用"文化体验教学模式"来设计她的AP中文课。下面让我们以"春节"这一主题为例，来具体看看该教学模式的运作。

案例描述

教学主题：中国春节

教学目标：学生能用汉语与中国人谈论春节；了解中国春节的故事和有关的

风俗；能对中国春节和美国的传统重要节日进行比较。

教学内容：年的故事，庆祝活动，年夜饭，习俗和祝福语。

教学材料：ppt课件，视频，阅读材料

为了把语言和文化在教学中结合起来，使学生在学习语言知识的同时，了解中国的春节文化，景老师设计了课内课外5项活动，为学生创造了一个学习语言知识和体验春节文化的平台。

1. 新知识的认知理解。景老师课前把阅读材料、视频、ppt课件发给学生，要求他们课前预习。上课的时候，景老师把学生分成4组，每组4个人，每组的任务是完成一个题目，例如：年的故事、庆祝活动、年夜饭和祝福语。上课的时候，景老师发给每个学生一张纸，纸上写着一个新词，例如："庆祝活动"小组的成员得到的词汇是：贴春联、放鞭炮、舞龙、逛庙会。然后，景老师组织学生分小组讨论并理解这些材料的内容和新词汇。

● 每个小组的成员按照自己拿到的词汇，找到阅读材料中对应的叙述，并回答5个W问题：who（谁），what（什么），when（什么时候），where（什么地方），why（为什么）。

● 小组汇总。每个成员用汉语解释自己对新词的理解以及对W问题的回答。然后全体成员讨论，达成共识，写在海报上。

● 演示。每个小组把他们的海报贴在教室的墙上，然后用汉语向全班演示该组的题目。例如，"庆祝活动"小组讲解春节期间有关的庆祝活动及其内涵。

2. 运用语言知识。景老师让小组成员合作，用学到的新词汇准备5—7个有关春节的采访问题。然后，每个学生找到一个中国学生或当地的中国人，按照拟定的采访问题进行口头采访。然后每个学生在全体讨论会上，报告自己采访的内容以及学到的新知识（语言、文化方面）。

3. 体验春节习俗。景老师在班上组织了一次模拟春节活动，邀请中国学生来参加。活动从布置房间开始，学生们学习写春联、福字，剪窗花，一边写，一边学习新汉字。跟中国学生一起贴春联、福字，从中了解相关的习俗（如，福字倒贴，等等）。最后，大家一起学习包饺子，学习新词（如，饺子馅、饺子皮、擀面杖等），并了解包饺子的习俗。

4. 参与社区活动。学校在中国春节期间，举办"中国夜"活动，景老师组织班上的学生参与此项活动，例如，制作宣传广告；在活动中，为参观的人用汉字写中国名字并解释汉字的意思；介绍中国春节的由来和各种庆祝活动；准备中国茶供大家品尝等等。

5. 书面演示。在这个单元主题的最后，景老师要求每个学生写一篇400字的关于文化比较的作文，题目是：中国春节和美国圣诞节。然后，学生互相批改作文，圈出不能解决的问题，请求老师的帮助。

案例分析

体验式教学理论是在20世纪70年代交际性教学理论和任务型教学理论的影响下所形成的一个强调学习者的参与性和实践性的新的教学理念，其理论基础是建构主义，认为学习是一个积极主动的建构过程，强调以学生为中心，学生为认知的主体，教师只起帮助和促进作用。建构主义的教学方法多种多样，其共性则是在教学环节中都包含有情境创设和协作学习，并在此基础上由学习者自身最终实现对所学知识的意义建构。体验式教学理论始于直觉，终于感悟；强调过程，注重实践。因此，对经验的体验，特别是对直接经验的体验是整个体验学习模式的核心。传统教学是从"教什么"到"学什么"，以行为主义为哲学基础。然而，体验式教学是从"怎么学"到"怎么教"，以体验式学习理念为基础，是最直接的以学生为中心的教学方法。传统教学法是封闭自主系统，而体验式教学则具有开放性、包容性特点，教学场地也从传统的室内转向室外，并配有各种形式的非课堂教学。

景老师把"体验教学模式"的理念与她的AP中文课教学目标相结合,采用了"文化体验教学模式"。那么,她的教学模式有什么特点呢?

首先,景老师的教学运用了课堂教学和课外活动相结合的方式。在课堂上,景老师安排学生通过小组协作的活动从语言知识的角度去理解新词汇的词义,然后,让学生用学到的新词汇采访中国学生或当地中国人,在真实的语境里用汉语进行交流,提升语言输出质量。另一项非课堂活动是通过"做"去体验中国春节文化。学生们学习写春联、剪窗花(同时学习相关的新词汇),并体验贴春联、贴窗花的习俗。景老师还安排学生参加学校在春节期间举办的"中国夜"活动,介绍中国文化。最后,学生要写一篇短文,比较中国春节和圣诞节。这些活动不是在传统课堂外可有可无的多种教学活动的集合,而是一个经过严密设计的教学系统,各教学环节相得益彰,集听、说、读、写为一体,整个活动过程充分利用汉语文化环境,运用以学生为中心的"体验式"教学方法。

其次,景老师的教学突出了以任务为中心的理念。语言教学的根本目标是"完成任务",这种教学理念不同于以传授知识为目的的教学理念,它明确显现了外语教学的应用性质。汉语教学的重点并不是教授一套知识,而是教授一种技能,实际交流的技能。所以,围绕着"春节"这一主题,景老师的教学为学生们设计了5个任务:

1. 小组协作学习语言知识(词汇,理解教材内容);
2. 用中文采访中国学生或当地中国人,获取更多关于春节文化的信息;
3. 通过亲身参加春节庆祝活动(贴春联、剪窗花、包饺子),体会中国习俗和内涵;
4. 参与学校的活动,与他人分享中国文化;
5. 用中文书写一篇关于春节的短文。

这些任务是建立在春节主题和春节文化基础上的层层相扣的任务链,培养学生的语言能力、文化认知能力和跨文化交际能力。

再次，景老师的教学以《21世纪外语学习标准》（5C）为目标，重视实际沟通能力的培养。为达到5C的标准，景老师对原有汉语技能进行整合，把汉语第二语言教学原有的听、说、读、写、译等分课型教学综合起来，在同一个时间内同时完成这几个技能的培养，即综合一体的交际技能。例如，景老师把"人际交流""理解诠释""表达演示"这三种沟通模式与教学内容有机地融合在一起，通过采访中国人的方式培养人际交流的能力，通过小组讨论方式理解新词汇的含义，通过口头和书面报告方式提高表达演示的能力。

后现代教学观认为，教学不仅仅是让学生接受现成的知识结论，即显性知识，还必须由学生自己参与、经历、感受和体验获得缄默知识，进行新知识建构。在建构过程中，语言是思维的媒介，是人们用来交际、交往和认知的工具；同时，语言也离不开文化和社会发展的影响，即语言与文化是一体两面。AP中文测试正是以这一观点为宗旨，其课程也朝着这一方向努力。然而，海外汉语教学多数情况下都缺乏真实的汉语语言文化背景，体验式的教与学的开展都受到一定程度上的限制。景老师的"文化体验教学模式"案例给了我们一些关于如何在缺乏汉语语言文化的环境里进行有效的文化体验教学的启示，每位汉语老师都可以尝试在自己的教学中重视学生在学习过程中的参与和实践，不仅可以学习汉语、使用汉语，而且还能了解并体认中华文化及其内涵，积累符合中国人习俗的交际经验，从而顺利地完成各种交际任务。

21 小学低年级的科学课怎么上？

案例背景

莫老师在美国西北部的一所中文沉浸小学里教中文。这个学校的学生从学前班（3岁）就开始学习汉语，进入小学以后每天有50%的时间学习汉语，50%的时间学习英语。这个学校的特点之一就是中文教学与其他教学相结合，让学生使用中文而不是母语学习其他课程的知识，把中文作为工具，在学习其他知识的同时提高中文应用能力。在这个学校里，孩子们除了学习中文以外，还用中文学习数学课和科学课。

这学期，莫老师教二年级的科学课，这个单元的主题是：动物。为了使枯燥的科学课变得有兴趣，她选用了《小蝌蚪找妈妈》的故事，把科学知识和语言知识的学习结合起来。这个故事是这样的：

池塘里有一群小蝌蚪，大大的脑袋，黑灰色的身子，甩着长长的尾巴，快活地游来游去。小蝌蚪游啊游，过了几天，长出两条后腿。他们看见鲤鱼妈妈在教小鲤鱼捕食，就迎上去问："鲤鱼阿姨，我们的妈妈在哪里？"鲤鱼妈妈说："你们的妈妈有四条腿，宽嘴巴。你们到那边去找吧！"

小蝌蚪游啊游，过了几天，长出两条前腿。他们看见一只乌龟摆动着四条腿在水里游，连忙追上去叫着："妈妈，妈妈！"乌龟笑着说："我不是你们的妈妈。你们的妈妈头顶上有两只大眼睛，披着绿衣裳。你们到那边去找吧！"

小蝌蚪游啊游，过了几天，尾巴变短了。他们游到荷花旁边，看见荷叶上蹲着一只大青蛙，披着碧绿的衣裳，露着雪白的肚皮，鼓着一对大眼睛。

小蝌蚪游过去，叫着："妈妈，妈妈！"青蛙妈妈低头一看，笑着说："好孩子，你们已经长成青蛙了，快跳上来吧！"他们后腿一蹬，向前一跳，蹦到了荷叶上。不知什么时候，小青蛙的尾巴已经不见了。他们跟着妈妈，天天去捉害虫。

莫老师是怎样用这个故事帮助孩子们学习科学知识的呢？

案例描述

莫老师课前准备了四张图片：第一张图片是长着尾巴的小蝌蚪，在池塘里游来游去；第二张图片是长出两条后腿的小蝌蚪，在询问鲤鱼妈妈；第三张图片是长出两条前腿的小蝌蚪，错将乌龟认作妈妈；第四张图片是小蝌蚪已经长成青蛙，找到了青蛙妈妈。

上课了，莫老师指着第一张图片问学生们："这是什么，谁知道？"学生说："蝌蚪。"莫老师又问："小蝌蚪长什么样？"一个学生说："大大的脑袋。"另一个学生说："黑灰色的身子。"另一个学生说："长长的尾巴。"莫老师说："对了，大家一起说一遍，大大的脑袋，黑灰色的身子，长长的尾巴。"

莫老师指着第二张图片，引导学生观察："这张图片的小蝌蚪和原来的小蝌蚪有什么不一样的地方吗？"学生："长出两条后腿。"莫老师接着问："小蝌蚪遇到了谁？"孩子们齐声回答："鲤鱼妈妈。"老师："小蝌蚪看见鲤鱼妈妈教小鲤鱼捕食，他们想起了谁？"孩子们说："自己的妈妈。"老师："鲤鱼妈妈告诉小蝌蚪，他们的妈妈长什么样？"学生们回答："四条腿，宽嘴巴。"

莫老师指着第三张图片引导学生观察："过了几天，小蝌蚪又有了什么变化？"学生："长出了两条前腿。"莫老师问："这次，它们又遇到了谁？"孩子们说："乌龟妈妈。"莫老师又问："他们为什么要追上去问乌龟妈妈？"有的孩子说："他们认为乌龟妈妈是他们的妈妈。"莫老师马上表扬："对极了。可是乌龟妈妈是小蝌蚪的妈妈吗？"孩子们说："不是。"莫老师问："你们怎么知道?"孩子们回答:"乌龟妈妈告诉小蝌蚪,他们的妈妈有两只大眼睛,披着绿衣裳。"莫老师进一步启发学生:"鲤鱼妈妈说蝌蚪妈妈是四条腿,宽嘴巴,乌龟妈妈却说蝌蚪妈妈长着大眼睛,披着绿衣服,你们想一想,鲤鱼妈妈和乌龟妈妈谁说得对?"孩子们热烈地讨论起来。过了一会儿,学生说:"她们都对,把她们俩的话合起来就更好了。"莫老师鼓励:"棒极了!小蝌蚪两次没找到妈妈,他们灰心了吗?"孩子们:"没有,他们继续找妈妈。"莫老师顺势引导:"如果你们做事不成功的时候,怎么办?"孩子们一起回答:"不灰心,继续做。"

莫老师指着第四张图片:"现在,小蝌蚪又有了什么变化?"学生们说:"尾巴变短了。"莫老师接着问:"后来,还有什么变化?"学生说:"尾巴不见了。"莫老师又问:"他们找到妈妈了吗?妈妈长得什么样?"学生们说:"大眼睛,四条腿,宽嘴巴,白肚皮,穿着绿衣裳。"莫老师又启发学生:"小蝌蚪小的时候,长得跟妈妈一样吗?""不一样。""小蝌蚪是怎么变成青蛙妈妈的样子的?"孩子们争先恐后:"先长出两条后腿,又长出两条前腿,然后尾巴不见了。"莫老师马上表扬:"对极了。小蝌蚪跟着青蛙妈妈做什么?"孩子们回答:"捉害虫。"莫老师说:"所以,你们要保护青蛙,对不对?"孩子们异口同声:"对。"

接下来。莫老师播放了一个用汉语录制的短小视频,帮助孩子们回顾从蝌蚪到青蛙的身体变化过程。然后,莫老师又安排了两个活动巩固学到的知识。第一个活动是"画一画"。她发给每个学生一张纸,让他们画出从蝌蚪到青蛙的身体变化过程,并用中文写出关键词语。然后,两个学生一组,用中文互相提问和讲述《小蝌蚪找妈妈》的故事。第二个活动是"做一做"。莫老师带领学生一起制作蝌蚪、鲤鱼、乌龟、青蛙的头饰,然后组织学生们表演《小蝌蚪找妈妈》的故事。

案例分析

美国从20世纪50年代开始，加强了从幼儿园到高中的科学教育。美国国家研究理事会（National Research Council）于1996年颁布的《国家科学教育标准》充分表述了提高所有美国人的科学素养的重要性。该《标准》强调"每个人都应能够运用科学信息对日常遇到的事情做出选择。每个人都必须能够用自己的智慧参与交流和讨论科学技术方面的重要问题。而且每个人都有权利分享对自然世界的理解和学习所带来的激情和自我满足。"一般来讲，美国的小学都开设科学课，科学课是美国小学课程中最基本、最重要的学科之一，它与英语、数学并列为三大核心课程。

在沉浸式中文学校开设用汉语教授的科学课，是近几年随着"中文热"而出现的新事物，这种把中文作为工具在学习其他知识的同时提高中文应用能力的学习方式，对学生和老师都是一个挑战。莫老师的尝试可以给我们什么启示呢？

首先，莫老师根据二年级学生的特点，采用了讲故事的方式把科学知识传授给孩子们。对于小学生，特别是低年级的小学生，教科书里的抽象概念根本没有意义，会使他们很快失去学习的兴趣。美国著名语言教育家海伦娜·柯顿和卡罗尔·达尔伯格（2011）在她们的著作《语言与儿童》中反复强调：兴趣是最好的老师。在小学教学中，除游戏教学活动外，故事教学可以说是孩子们最喜欢的教学方式，最能激发学生的学习兴趣。他们可能不喜欢某一门功课，或不喜欢某一个老师，但是没有人不喜欢听老师讲故事。莫老师正是按照这一理念，选用了《小蝌蚪找妈妈》的故事，把蝌蚪到青蛙的身体变形过程的科学知识放在故事里学习。

科学课，是以探究活动为核心的科学教学过程，是让学生在探索中学习，在研究性学习中保持和发展儿童与生俱来的探究兴趣。莫老师在她的科学课上，比较成功地实施了这种以"探究"为中心的科学教育的新方法。在讲故事的时候，莫老师没有用"老师讲，学生听"的办法，而是通过提出问题的方式，引导学生观察事物的变化，找出他们的区别。例如，在讲解第二张图片的时候，莫老师问："这张图片的小蝌蚪和原来的小蝌蚪有什么不一样的地方吗？"在讲解第四张图片时，问学生："小蝌蚪小的时候，长得跟妈妈一样吗？"随着故事的深入，莫老师进一步启发学生的思考能力。例如："鲤鱼妈妈说蝌蚪妈妈是四条腿，宽嘴巴，乌龟妈妈却说蝌蚪妈妈长着大眼睛，披着绿衣服，他们谁说得对呢？"问题一抛出，立即引起了学生极大的兴趣，他们积极讨论，充分调动了学生的主动性。在讨论的基础上，莫老师再引导学生说出蝌蚪妈妈的样子，并加以引申。在故事的最后，莫老师用"小蝌蚪是怎样变成青蛙妈妈的样子的"这一问题，培养孩子们总结归纳事物的能力。

给小学生上科学课有各种各样的方法，要根据学生的年龄和生活、学习环境，采用适当的教学方法。莫老师的"讲故事，学科学"的方法给了我们一个很好的启示，你不妨也来试一试，创造出适合自己课堂的教学法。

22. 教师在课堂上出错儿怎么办？

案例背景

美国学校对学生行为的管理是有章可循的，其教育中井井有条的管理模式和理念值得我们借鉴。美国提倡自由平等、个性自由、言论自由，但是同时美国又注重秩序、规矩和文明规范，在公共场所享受个性自由的同时要尊重别人，不能损害别人的利益，在工作场所要尊重权威，服从上级。那么在学校呢？学生和老师的关系如何？有师道尊严这一说吗？

美国学生受学校制订的各种行为规范的约束。特别是在美国的小学，老师看起来都很和蔼，如妈妈一样，同孩子们相处亲密融洽，但是在课堂管理上老师却是非常严格的。和中国老师传统的板着脸的严肃方式截然不同，美国老师会用非常自然的充满爱意的动作表情、亲切的态度、温和的语气告诉孩子老师对他们的期望和要求，让孩子们明白什么样的行为是不被容许的，是要受到惩处的，语调不高但是有威慑力。哪些是小学生让老师不能容许的行为呢？首先老师说的话学生要服从，除了礼貌用语"谢谢、对不起"，在回答老师时要说"是的，女士""是的，先生"。老师的话容不得置疑，学生在学校学的第一个功课就是必须尊重老师，同老师顶嘴、争辩，老师的话三番五次不听是要送校长室的，美国的小学生从小就有尊重权威的概念。

那么，老师上课出错了怎么办？老师在课堂上认错字或写错字了怎么办？老师应该向学生道歉还是将错就错？告诉学生是故意写错的，是在考验他们的辨字能力？

案例描述

来自中国的谢老师在一所公立小学教授传承中文课程（Heritage Chinese），即为家中有中文环境（普通话）、大部分在海外出生长大的华人子弟学习中文和中国文化开设的课程。第一天上课的时候，谢老师先让每个学生用中文介绍一下自己的姓名、在家是不是跟家长说中文、为什么学习中文、学中文有什么好处、学中文有几年了、会写多少个汉字，等等。接下来，她又让每个学生在白板上用汉字写出自己的名字。虽然这些学生中文说得还可以，毕竟每天在家里跟家长都用中文交谈，但写字、认字能力比较差，不过大部分学生都能用汉字把自己的姓名写下来。

有一个学生把他的姓写成了"区"。谢老师看了后当着全班的面对这个学生说："不对啊，刚才你介绍自己的时候，不是说你姓Ou吗？那么Ou字应写为'欧'，不是'区'（Qu）。你到底姓Qu还是姓Ou呢？要是姓Ou的话，'区'字你写错了，应该是'欧'。"这个学生听了谢老师的话后连忙大声说，"我就是姓Ou，我的姓就应该写成'区'。我一直这样写，我爸爸妈妈也这样写，我以前的老师也这样写，字典里也是这样写的，为什么您非说这样写不对呢？要不信您问问我妈或查一下字典吧。"谢老师恰巧随身带着一本小字典，就查了起来。果然，"区"用作姓氏时念Ou，这个学生没写错，是自己孤陋寡闻了。

这时候班上的学生们开始小声议论起来。有的说："老师连这个姓都念不对。"还有的说："这么容易的汉字老师还分不清对错。"还有的学生坚定地站在老师一边，大声对"区"姓学生说："一定是你搞错了，'区''欧'不分，老师是不会搞错的。"学生们七嘴八舌地"区"说"区"有理，"欧"说"欧"有理。这下让谢老师感到非常难堪，很不好意思，连声解释，但还是压不住学生们七嘴八舌的议论声。最后，谢老师连声道歉都没来得及说就匆忙地下课了。

案例分析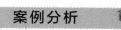

在中华民族的千千万万个姓氏当中，不少姓氏是源自同一个祖宗，在漫长的历史长河里，由于逃亡、迁徙、避难以及其他原因，同一个祖宗的后人分别拥有不同的姓氏。如区、欧、欧阳都是春秋时代那位"卧薪尝胆"的越王勾践的后人。在区、欧、欧阳三姓当中，欧氏和欧阳氏是老大，很早就出现这两个姓氏了，区氏是在汉朝才出现的，因此，区氏族人谦称是小区，称"欧"氏为大欧。不论在中国或海外华人当中，区、欧、欧阳三姓都是少数族群，相比之下，这三个姓氏的名人也就不如其他大姓的名人那么众多。

这个案例暴露了很多问题，同时也给了我们很多启示。

首先，作为合格的国家外派国际汉语教师，必须掌握过硬的汉语本体知识，不然会教给学生错误的知识，误人子弟。上述案例中的事件，就是因为谢老师的汉语知识不扎实，分不清"区"字的多音字读法，坚持认为"区"就该念成Qu而非Ou。由此可见谢老师汉字功夫不深，知识掌握得并不过硬，用错别字纠正学生正确的字，把错误的东西当成正确的告诉学生，一方面误导了学生，一方面也给学生造成了混乱。

作为教师，在课堂教学过程中，如果遇到自己不确定的字词或知识点，一定要查阅，不要一上来就否认学生的答案，也不能只凭自己的感觉或猜测来判断学生的对错，来应付学生。所谓"知之为知之，不知为不知，是知也"。如果谢老师在否定学生写的正确汉字之前能够认真负责地查阅字典，确认之后再肯定学生的正确写法，告诉学生区姓的汉字读Ou不读Qu，就不会引起误会和课堂骚乱了。如果教师不问青红皂白，一上来就一口否定学生的正确写法，的确是一种很不负责任的表现，有违师道尊严。

另外，学生一般都比较容易对老师产生盲目的信任，认为只要老师说的就都是对的。所以，老师一定要尽可能地提升自己，对自己讲授的每句话负责，对自己写的每一个字负责，确保把最正确的答案告诉学生。

当然，老师也是人，是人都会有犯错误的时候，所以老师还要教学生学会怀疑、质疑、反问并挑战老师，学会大胆地对老师说的、解释的、回答的不正确的东西说"不"。对于上述案例中出现的情况，老师应该诚实、诚恳地告诉学生，老师的话也可能会出错，遇到疑问的地方一定要大胆地提出来，学会挑战老师，必要时让全班同学一起来求证，鼓励学生遇到类似情况不要被"师道尊严"所束缚，不要怕老师不高兴，不要怕得罪老师，不要怕老师事后给当事学生小鞋穿。教师要有担当，在课堂上发现问题及时解决。老师说错了、写错了、做错了并非丢面子的事情，更不要将错就错，告诉学生是老师故意说错或写错的，是要考验他们的汉语能力，以维护自己的师道尊严和面子。

师道尊严是要求学生尊敬老师，因为老师是学生探索知识的领路人，老师是一个职业，老师也是普通人中的一分子，不要求老师去做灵魂的工程师，但老师要敬业爱生，术业有专攻，必须具有并掌握过硬的汉语本体知识。老师的威严不在于在课堂上对学生横眉冷对，不在于高分贝的声调，而在于内在的涵养素质、渊博的知识、热爱学生的宽广胸怀。要赢得学生发自内心的尊重，不是简单的要求可以得来的，而是努力付出真心换来的。一个敬业努力、业务能力强、热爱学生的老师值得学生尊敬和爱戴。"给学生一杯水，教师应有一桶水"，这是人们经常提到的一句话。是说相对于学生获得的知识，教师必须拥有十倍、百倍于学生的"一桶水"知识。这形象地反映了社会对教师知识存量的期望，也体现了传统社会一般的知识观。"学高为师"，教师要教好学生，必须要有丰富的知识，这无疑是十分正确的。如今，很多人更认为，要给学生一杯水，教师仅有一桶水是不够的。现如今，知识更新的速度越来越快，数量越来越多，传播途径越来越宽且速度越来越快，在这样的社会背景下，教师知识观就必须变革。教师必须树立终身学习的观念，不断充电，与时俱进，变原来的"一桶水"为"长流水"。因此，要给学生一杯水，教师要有长流水。

23 老师为什么会被学生问"卡壳"呢?

案例背景

岳老师在国内是一位中学老师,通过国家汉办的考试后,被派到美国西部的一个私立中学教汉语。这个学校是第一次开设汉语课,岳老师是学校里唯一的汉语老师。他到任后,积极配合学校的各个部门和其他学科老师的工作,同时也得到他们对汉语教学的支持和帮助。

这学期学校7年级的"社会科学"课程有一章是讲中国的朝代,教这门课的Brown老师觉得岳老师是再适合不过的,因为他最了解中国的历史,会给学生们更多的信息,所以Brown老师找到岳老师,希望他能到"社会科学"的课上,讲一讲中国的历史。岳老师欣然接受了这个邀请,传播中国文化是他义不容辞的责任,正好借这次机会,好好向学生们介绍中国源远流长的历史。岳老师在国内上中学的时候,学过中国历史,虽然过了很多年,记得不是十分清楚,但是讲自己国家的历史,绝对没有问题。岳老师认真看了Brown老师借给他的"社会科学"的课本,觉得太容易了,所以对于这个单元的教学内容,岳老师充满了自信。

岳老师决定从第一个皇帝——秦始皇——讲起,他准备了很多关于秦始皇和秦朝的材料,例如,长城、统一中国、统一文字、兵马俑,等等。岳老师觉得胸有成竹、信心满满,可是万万没想到,上课的第一个星期,他在课堂上却被学生问"卡壳"了。怎么回事呢?

案例描述

上课了,岳老师打开准备好的课件,用长城的图片引出主题。"同学们,图片上展示的是什么?"大多数学生都知道是长城。岳老师问:"有谁去过长城?"没有人举手。"今天,我们要学习有关长城的故事。"学生们立刻表现出极大的积极性。岳老师从秦朝统一中国讲到修建长城,又从秦始皇建立中央集权制讲到他的功过。讲着讲着,突然一个学生举手问问题:"老师,你讲了很多秦始皇和他的政府做的事情,你能不能给我们讲讲长城建筑的时候,平民的生活是什么样的?"一些同学点头表示赞同。岳老师努力想从他的记忆里找到答案,可是在学校时,老师没讲过这类事情,教科书上也没提过,也不记得在他读过的其他书中有什么叙述,显然,他答不上来。如果回答"不知道",有点儿丢脸,学生也会很失望。他愣了几秒钟,还没等缓过神来,又有一个学生问:"建筑长城对当时的经济有什么促进作用?"接着又一个学生问:"长城是为了防御,什么时候成功了?什么时候失败了?"这些问题岳老师备课时没想过,也没准备过,更没有答案,岳老师脑子里一片混乱。学生好像也看出来老师被问"卡壳"了,开始交头接耳。岳老师突然想起在师资培训时学到的一个新的教学方案:让学生们自己去寻找答案。

他笑着对学生说:"你们的这些问题非常好,但是我也没有明确答案,我也需要跟你们一起研究学习。"然后,他把学生分成5个小组,每个小组侧重有关长城的一个问题,包括课堂提到的问题。他要求学生去图书馆查资料,上网收集信息,对收集到的资料进行分类、整理,写出提纲,并配上图片,做成海报。岳老师和Brown老师随时为学生提供帮助和指导。两个星期以后上课的时候,每个组把自己的海报贴在教室的墙上,向全体同学汇报他们的探究结果。所有这些海报连在一起,就是一个展示长城历史的专栏。后来,岳老师和Brown老师把这些海报贴在学校走廊的墙上，使全校学生都能随时了解中国的长城和它的历史。

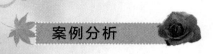
案例分析

　　岳老师在课堂上被学生问"卡壳"的情况，其他老师大概也遇到过。如果面临这种情况，我们应该怎么应对呢？让我们从岳老师的案例来看看，为什么他被学生问"卡壳"了？我们可以得到什么启示？

　　首先，岳老师在学生面前承认自己不知道答案，这种诚实的态度是被学生接受的。任何掩盖的借口都会失去学生的信任。在中国，老师和课本被认为是知识的权威，尤其是在自己的教学领域里，应该无所不知。如果被学生问"卡壳"，就觉得大丢面子，会极力想办法、找借口把面子找回来。还有的人会对学生说："你问的问题超出了现在的学习范围，一句两句话解释不清楚。"这样的回答极大地挫伤了学生的学习积极性。在美国的学校里，老师被学生问"卡壳"是常事。学生不觉得奇怪，老师也用不着觉得丢脸。没有一个老师是"百科全书"，都会有答不上来的问题。

　　其次，岳老师的补救措施非常给力。他因势利导，把学生提出的问题当成小组学习的题目，组织学生通过自学寻求答案。这种"做中学"正是美国教育提倡的。美国教育家菲利普（P. J. Philip）在研究中发现，在教学实践中，学生往往可以记住10%他们所读到的、20%他们所听见的、30%他们所看见的、50%他们所听见且看见的、70%他们所说过的和90%他们所做过的。在英语里有这样一句格言："只是告诉我，我会忘记；要是演示给我，我就会记住；如果还让我参与其中，我就会明白"。（Tell me and I forget, show me, and I remember, involve me and I understand.）这句格言清楚地说明了学习过程中学习主体身心投入的重要意义。岳老师和学生一起创作的长城历史专栏正是学生自主学习的结果。

岳老师为什么被学生问"卡壳"了？这个现象反映的是美国教育提倡的鼓励学生勇于挑战权威的理念。美国学校从孩子小时候就教育他们对任何事情都要问一个为什么，不以课本或老师的讲解为唯一结论，从而培养一种根深蒂固的怀疑主义和开放多元的心态。所以在岳老师滔滔不绝地讲述秦始皇及其政府的功过时，学生提出"平民的生活是什么样子"的问题，这个问题反映出学生对课本里的叙述和历史学家的结论都不满足，希望从另一个角度（平民的眼睛）看待历史的多元化态度。美国学校的社会科学课程的教学不只是把社会发展的历史知识灌输给学生，而更多的是带领学生去探索和了解社会的发展过程，分析发展过程的复杂性和多样性，从而对任何权威主义提出质疑和批判。这种教学理念就是鼓励学生不断地探索对任何事件的多重解释，保持开放的视野。

岳老师的前半节课是以传统的"教师讲、学生听"为主的单向信息传输教学方式，这样的方式剥夺了学生参与学习的权利，把学生的思想束缚在老师和课本圈定的范围内。然而，在美国开放式教学中，教师不搞"一言堂"，不做"权威"，是教学活动的"组织者"，是学生学习的"咨询者""导师"，甚至是"同学"。教师重视创设学生愉悦、自主的学习情境，鼓励课堂上学生提问、发表见解，重视师与生、学生之间的多向信息传输，重视培养学生的自学与动手实践能力。岳老师后半节课的"补救"措施符合开放式的教学理念，他把学生提出的问题交给学生自己，让他们通过阅读、探索、思考、观察、操作、想象、质疑和创新等丰富多彩的认识过程来获得知识，使结论和过程有机融合起来，知识和能力和谐发展。这种开放式的教学强调教学目标重心的迁移，即从知识的存储转向探究能力的培养；同时强调教学活动重心的迁移，即从师生间的单向信息传输转向师生、生师、生生间的多维互动，促使教学方法逐渐从"注入法"转向"互动法"。

第三章

有效沟通

24 家长会上需要公布学生的学习或考试成绩吗？

案例背景

魏老师和齐老师在国内都是有经验的老师，经过推荐和选拔，他们作为交换教师被派到美国某小学教中文。这个学校以前没开设过中文课，魏老师和齐老师成了中文教育的"开拓者"。这是他们到美国学校任职的第一个学期，魏老师教四年级，齐老师教五年级。期中考试刚刚结束，他们班上的有些学生成绩一直不好，所以他们需要得到家长的配合，帮助这些学生提高学习成绩。魏老师准备开一个家长会，把成绩差的学生家长请到学校来，听听家长的建议，他花费了一周的时间准备了各种报告，打算详细向家长汇报学生的学习情况。齐老师班上的Tom是最让他头疼的学生，他尝试了好几种办法帮助Tom，但是都没有明显的效果，于是他约了Tom的妈妈到学校谈话。

案例描述

魏老师的家长会

在简单介绍了自己以后，魏老师向家长们汇报了他的教学情况。然后，魏老师向家长汇报学生们期中考试的成绩，希望成绩不太好的学生家长能够配合老师，帮助这些学生在期末考试以前有所进步。他把一份准备好的学生期中考试成绩单发给每位家长，然后说："成绩单上列出了每个学生的名字和他们的考试分数，请每位家长看看你们孩子的分数，我们……"

没等魏老师把话说完，一位家长立刻站起来，很不高兴地说："魏老师，你不应该把我儿子的考试分数公布给大家。"

另一位家长马上响应："考试成绩是学生个人的事情，你为什么把这张成绩单发给所有人？"

"从来没有老师这样做过，难道你不知道？"

"你没有权力公布学生成绩。"

"我们太失望了！"

魏老师万万没想到家长们对学生成绩单的反应如此强烈，连给他解释的机会都没有，就异口同声地进行谴责。他不明白，错在哪儿呢？

齐老师与Tom妈妈的谈话

Tom是齐老师班上成绩最差的学生，上课注意力不集中，作业不能按时完成，还常常迟到。齐老师希望更多地了解Tom的情况，也想得到家长的积极配合，帮助Tom提高学习成绩，所以约了Tom的妈妈到学校见面。

Tom的妈妈如约来到学校，简单问候以后，齐老师直奔主题："班上有些学生的成绩不太好，我非常担心他们到期末的时候会不及格。Tom和Jeff的成绩在开学初的几个星期排在全班的最后，Jeff的成绩到期中的时候有了进步，可是Tom的成绩却一直没有进步。Tom和Jeff在其他课程的成绩都差不多，为什么汉语课的成绩却不一样呢？我想……"

Tom的妈妈毫不客气地打断他："请不要把Tom跟别人比。别的学生怎么学习我不知道，Tom已经尽到了他的努力，希望老师不要给他更大的压力。"

齐老师马上解释："请不要误会，我只是想……"

"我再说一遍，不要把Tom跟别的孩子比。如果今天只是找Tom的毛病，我不想听了。"Tom妈妈很不高兴地离开了教室。

齐老师懵了，他只是想帮助Tom，Tom妈妈为什么不高兴了呢？

案例分析

每个美国学校都有开放日,把家长请到学校参加家长会,这种家长会叫"parent meeting",家长到学校同孩子的任课老师见面,了解课程计划、作业要求、评分标准,以及需要家长配合的事情。

魏老师的家长会开得怎么样?不算成功。在家长会上,魏老师犯了一个错误,她公布学生的考试成绩而引起家长的反感和批评,她的这种行为侵犯了美国文化的"隐私权"。在美国学校,学生的个人信息,包括:家庭背景、身体健康、学习成绩、考试分数等等,都是学生的个人隐私,别人无权过问,老师也无权向其他人(老师、学生、其他家长、学校其他人员)透露。学生的学习成绩和考试分数更是学生隐私里面受到重点保护的对象。尽管老师对每位学生的成绩了如指掌,却绝不可以把一个学生的成绩告诉别人。成绩单只供学生本人及其家长了解,别人不允许打听。有的学校甚至规定,高年级学生的成绩记录只有本人可以查看,连家长也无权过问。如果家长想得到孩子的成绩情况,就一定要得到孩子本人的同意,学校才可以把成绩告诉家长。魏老师在家长会上把每个学生的考试分数公布给所有家长,严重侵犯了美国学生和家长的"隐私权",他们的气愤是可想而知的。美国学校尊重、保护学生的隐私,不仅是由于美国文化,更是为了给学生创造一个宽松的、有自尊的、有安全感的学习环境,用不着过多地承受学习竞争产生的心理压力(王文,2010)。

那么,如果老师需要跟学生家长交流他们孩子的学习情况,怎么办呢?职业规范的做法就是礼貌地跟家长预约,到学校以一对一的形式进行谈话,交流的内容是商谈学生考试成绩、在校表现、进步情况等等。这样的会面一般是因为学生出现了"问题",但是老师一定要记住,与家长会面时,不能"开门见山",直通"问题",而是要以正面肯定为开场白,然后慢慢地委婉过渡到"问题"上。

不过，对问题严重的学生（例如影响全班学习、说脏话、威胁其他同学等），老师应该让家长意识到问题的严重性，避免更严重的后果出现。

再来看看齐老师与家长的谈话。齐老师的本意是向Tom妈妈了解Tom的更多情况，共同帮助Tom提高学习成绩，可她的"比较法"是Tom妈妈不能接受的。美国的学校不鼓励学生之间的竞争，而是强调同学之间的互相合作、分享学习，培养学生的团队合作精神。老师在对学生评估时，不会把学生作横向比较，很少将一个学生与另外一个或其他学生相比。中国老师觉得"榜样的力量是无穷的"，所以常常喜欢在学生中树立一个榜样，让别的同学向他看齐。如果这个榜样考试得了100分，别的同学要向他学习，也应该得100分。而美国老师则着重看学生本人的进步，一个常常迟到的学生改掉了他的坏习惯，老师就会表扬这个学生。即使有的学生进步很慢，老师也鼓励学生树立信心，设立目标计划，帮助学生不断进步。

为什么"比较法"不被美国学生和家长认同呢？因为美国文化相信每个孩子都很特殊，都有各自的长处和短处，所以没有可比性。老师要用心去发现每个学生的强项和弱项，帮助他们扬长避短，养成健康自信的心态，自强努力，既不以自己的长处跟别人的短处相比而自负狂傲，也不以自己的短处跟别人的长处相比而自卑丧志。这样的心理素质的培养让学生的学习生涯过得轻松快乐，而且在个人发展的道路上也会受益无穷（王文，2010）。

那么，齐老师和家长谈话时，应该做什么呢？齐老师应该以正面肯定为开场白，挖掘Tom的优点，然后汇报Tom在学习方面的优点和不足、课堂的表现、进步的幅度，然后听取家长的意见，最后与家长商量帮助Tom进步的方案。注意，只能谈Tom本人，千万不能把别的学生的情况加到谈话中去。

25 当家长听信学生的一面之词时，老师应该怎么办？

案例背景

娄老师这个学期接手一个五年级的班级，这个班里有一个全校出了名的"问题"学生，他叫Ethan。Ethan上课不专心听讲，跟邻座的同学说话，随便在教室里闲逛。最让人头疼的是，常常有学生打报告，说Ethan"拿/偷"别人的东西。每当老师质问Ethan的时候，他当然拒不承认，而且大声为自己辩护。更要命的是Ethan的妈妈听信Ethan的一面之词，常常闹到学校，为她"受害"的儿子"申辩"。以前任课的老师也因此和Ethan妈妈发生争辩，结果两败俱伤，不欢而散，使得老师、学生、家长的关系搞得很紧张。娄老师了解到这些情况，他做好了充分的准备，要用事实真相教育Ethan和他的妈妈。

案例描述

一天下午，Judie过来向娄老师报告，Ethan从她的书包里偷走了彩色笔。娄老师问："真的吗？"Judie回答："真的，我不撒谎。"娄老师进一步问："你不会把彩色笔忘在家里了吧？"Judie说："我上午还在用我的彩色笔。我把彩色笔放回书包的时候，Ethan看见了。"娄老师答应Judie，如果Ethan真的偷走彩色笔，会让Ethan把笔还给她。下课以后，娄老师私下跟Ethan谈了彩色笔的事情："Judie说你拿了她的彩色笔（注意，娄老师没使用"偷"这个词，避免激怒Ethan），请告诉我，你做了吗？"Ethan低下头不说话。从他的表情中，娄老师知道，Ethan一定做了。他进一步鼓励Ethan："如果你能诚实地坦白一切的话，我会非常感激，我也不会在全体同学面前批评你。"Ethan点头同意了。他让Ethan独立去写，把自己偷彩色笔的过程写下来，把笔还给Judie，并向Judie道歉。娄老师还要求Ethan回家把这件事告诉妈妈，并让Ethan把他写的纸条的复印件带回家给他妈妈看。

第二天早晨，Ethan的妈妈怒气冲冲地闯进校长办公室："我要跟娄老师谈谈我儿子的事，他为什么说我儿子偷了彩色笔，嗯？还要他道歉？现在，他被扣上了'小偷'的罪名，学校要负全部责任。"这位母亲大吼大叫，四处撒泼。娄老师闻讯赶来，以平静、职业的口吻说："很高兴能和您谈谈Ethan的问题，您想谈些什么呢？"Ethan的妈妈跳起来，继续大吼大叫："我来学校是因为我关心儿子，他受人欺负了，因为你说他偷了东西……"娄老师静静地听着，等Ethan妈妈把情绪发泄完，娄老师拿过一把椅子，让她坐下，然后平静地说："您作为一名家长，对Ethan如此关爱，让我感到很欣慰。我看得出来，关于Ethan的事情，您感到非常伤心。我知道您关心Ethan，我们同样也很关心他。我不会朝您大喊大叫，希望您也不要朝我大喊大叫，这样，我们可以心平气和地把问题谈一谈，谢谢。"娄老师的镇定感染了Ethan妈妈，她开始慢慢镇定下来。

娄老师问："Ethan是怎么样跟您转述彩色笔事情的？"

Ethan妈妈："他告诉我，你说他偷东西，可是他没偷。"

娄老师明白了，Ethan肯定没把他写的纸条给他妈妈看，而他妈妈相信了儿子的一面之词，断定儿子在学校受到了欺负。于是，娄老师把Ethan写的纸条递给他妈妈："这是Ethan写的他拿走彩色笔的过程，请您看一看。"

Ethan妈妈读完了这张纸条，脸上红一阵白一阵，嘴里不停地说："他昨天没告诉我这些，我完全不知道这张纸条。"

"我想，他一定是忘了给您看了。"娄老师急忙打圆场。

Ethan妈妈连连道歉："真是很抱歉，他真的没给我看这张纸条，如果我看了，决不会来这里跟您争论的。"

娄老师看到Ethan妈妈一脸的不好意思，急忙趁热打铁："我很希望今后能跟您一起努力，帮助Ethan健康成长。谢谢您能到学校跟我交流。"

Ethan妈妈点点头表示同意，然后静悄悄地走出了办公室。

案例分析

像这样家长听信学生一面之词，到学校无理取闹的事情，差不多每位在中小学工作的老师都遇到过。在这个案例中，无论是对待Ethan还是他的妈妈，娄老师处理得非常职业化而且颇有成效。

让我们先来看看娄老师是如何处理Ethan的"偷窃"行为的。

首先，娄老师倾听了双方的辩词。当Judie报告Ethan偷了她的彩色笔时，娄老师了解到她的彩色笔是在学校被偷的，但是她没有只听Judie一面之词。下课以后，娄老师通过跟Ethan的私下谈话，证实他的确偷了Judie的彩色笔。这样，这个"偷窃"行为就顺理成章了，因为"作案人"在没有任何威胁的情况下，自己"供认"偷了东西。

接下来，娄老师作了一个更职业化的决定。娄老师让Ethan独立去写，把自己偷彩色笔的过程写下来。这张纸条是Ethan偷东西的"证据"。娄老师的这个决定太职业化了，让我们给她点个赞！很多孩子，特别是小孩子，犯错误以后，在老师面前完全承认，可是如果家长在场，常常就会"翻供"，不承认那些错误。正因为如此，在Ethan妈妈来学校"兴师问罪"时，Ethan写的纸条就是娄老师最好的应对。

还有，娄老师在鼓励Ethan承认错误的时候，向他保证，不会在全体同学面前批评他。娄老师的这个保证，消除了Ethan的部分顾虑，增强了他承认错误的勇气。每个人都有自尊，都希望保住自己的面子，犯错误的孩子也不列外。所以，老师在批评和惩罚学生的时候，也要想想他们的感受。

学生犯错误是一定要受到惩罚的，让他们得到教训。娄老师是怎样惩罚Ethan的？

1. 把彩色笔还给Judie；
2. 向Judie道歉；
3. 回家把这件事告诉妈妈，把写的纸条给妈妈看。

最后一条惩罚很有必要，因为孩子最不希望的就是他们在学校犯的错误被家长知道，所以这条惩罚的威慑力最大。Ethan犯的这类性质的错误是必须通知家长的。

接下来，让我们看看娄老师是如何处理Ethan妈妈的质问的。

当Ethan妈妈冲进办公室大喊大叫时，娄老师一直保持着平和、职业化的态度。他没有跟Ethan妈妈争辩，因为他知道，Ethan妈妈在气头上，争辩不会使情况好转，反而会越来越糟。他冷静地听着Ethan妈妈"畅所欲言"，一直到她的怒气变淡。接着，娄老师赞扬了Ethan妈妈对儿子的关爱以及愿意到学校与老师沟通的积极性，这样平和的开场白使Ethan妈妈的怒气消除了很多。

娄老师知道，Ethan妈妈到学校争辩一定是听信了儿子的一面之词，没有了解事实的真相。他手里有Ethan偷彩色笔的"证据"，完全可以用这个"证据"反驳Ethan妈妈的质问。可是娄老师没有这样做，他的策略是用询问的方式证实Ethan没有把真相告诉他妈妈。等到Ethan妈妈的回答证明Ethan说了谎，娄老师"水到渠成"地把Ethan写的纸条拿给他妈妈看。

当Ethan妈妈了解了真相，开始道歉时，娄老师没有摆出一副"胜利者"的姿态。他依然用平静的口气希望Ethan妈妈能跟学校一起努力，帮助Ethan健康成长。娄老师的冷静态度和适当的策略平息了Ethan妈妈的愤怒，保证了他们之间的成功交流，大大提高了以后合作的可能性。

当家长听信了学生的一面之词,不了解事实真相,而且跑到学校大吵大闹时,娄老师的案例给了我们什么启示呢?

- 保持冷静和平和的态度,避免与家长争辩、冲突;
- 容许家长表达他们关心的问题,给他们一定的时间解释他们的感受;
- 用足够的证据让家长了解事情的真相。
- 让家长确信学校会像家长一样关心他们的孩子。

26. 如何面对家长对其孩子学习成绩差、分数低的抱怨？

案例背景

廖老师的班上有一个学生叫Joshua，是班上学习比较差的学生。她对这个学生给予了很多的关注和帮助，可是这个学期的学习成绩还是不理想，刚刚及格。Joshua妈妈两年以前去世了，他和爷爷奶奶住在一起。爸爸是个商品推销员，常常出差，很少有时间过问Joshua的学习情况，学校开家长会的时候，他也常常因出差不能参加。看到Joshua不理想的学习成绩，他很着急，对学校也非常不满意，觉得儿子已经尽到了努力，为什么成绩还是不好？他把儿子成绩差、分数低的原因归结于老师没有尽到责任，没有提供足够的关心和帮助。廖老师跟Joshua爸爸通过电话交流了几次，可是他还是不满意，抱怨学校和老师没有把他的儿子教好。廖老师决定请Joshua爸爸到学校来，当面好好儿谈一谈。

案例描述

Joshua爸爸如约来到学校，廖老师把他迎到办公室，首先感谢他能抽出时间到学校与她讨论Joshua的学习情况，然后她拿出了一个厚厚的文件夹。Joshua爸爸看着文件夹，眼睛里充满了疑惑，猜想一定是状告Joshua不好好儿学习，心里盘算着怎样对付廖老师。廖老师打开文件夹，拿出里面的文件，对Joshua爸爸说："这里记录着Joshua这个学期的学习情况和他的进步。我想跟您一起分享这些资料，如果任何时候您有问题，都可以打断我，我很高兴回答您的任何问题。我们可以开始吗？"Joshua爸爸点头同意，因为他非常想知道有关Joshua在学校的情况。

廖老师打开文件夹的第一档文件。这些文件记录着Joshua的作业情况，包括交作业的时间、作业完成情况（是否完成要求的项目）、作业质量（正确与否）。有些作业是在课堂完成的，有些作业是在家里完成的。廖老师把Joshua的作业按日期排开，一项一项给Joshua爸爸看："Joshua是个听话的孩子，在课堂上老师要求的作业他都能完成，可是正确率一直不是很高，可能他没听懂，以后我需要进一步的关注他。"然后，廖老师和Joshua爸爸一起看Joshua的家庭作业。Joshua爸爸吃惊地发现，Joshua有很多次迟交作业或者完不成作业。廖老师询问："Joshua回家写作业的时候，有人帮助他吗？"Joshua爸爸摇摇头，满脸的无奈："我常常不在家，爷爷奶奶只能照顾他吃饭、睡觉。"

第二档文件记录着Joshua的出勤情况。Joshua爸爸看到出勤表上显示Joshua迟到5次、缺席2次。廖老师指着出勤表说："开学的第一个星期，我就向全体同学公布了中文课的成绩评分标准，出勤要占总成绩的百分之十，迟到或无故缺席5次以上，出勤就是0分。我把这个要求发给了每个学生，同时通过邮件发给了每位家长。我想您一定收到了这个邮件吧？"Joshua爸爸支支吾吾地说："我大概收到了，可是我没仔细看。"

廖老师打开第三档文件。这些文件记录着Joshua的考试情况，批改过的试卷上批着一些红钩钩，还写着评语，有正面的肯定，也有积极的建议。Joshua爸爸看着试卷，只看到红钩钩，没看到红叉叉，他问："Joshua的考试没有错误吗？为什么没有红叉叉？"廖老师回答："Joshua答错的问题比答对的问题多很多，如果我满张纸上都是红叉叉，Joshua看到就会有挫败感，影响他的学习情绪，所以我只在他答对的问题旁边批红钩钩，让他增强自信心，看到自己的进步。"廖老师一边给Joshua爸爸解释，一边分析Joshua每次考试的进步。看到廖老师对Joshua学习的良苦用心，Joshua爸爸心里有了几分感激。

廖老师的文件夹里还有很多关于Joshua的资料：一张从学校简报上剪下来的Joshua在学校运动会上得奖牌的照片，一份记录Joshua日常行为的表格，与Joshua爸爸的往来信件，几张Joshua在班级墙报上展出过的作品，一封Joshua写给老师的信，等等。看到一份份的文件和资料，Joshua爸爸的心里热乎乎的。作为一位家长，一个父亲，他从来没有像廖老师这样关心过他的儿子。

廖老师接着又告诉了他Joshua的所有优点：他外向，喜欢帮助别人，对体育活动充满了兴趣和热情，有想象力，有创造力。虽然没有在廖老师的课上取得优异的成绩，但他从来没有捣过乱。听着廖老师如数家珍一般地夸奖着他的儿子，Joshua爸爸心里顿时涌起一股暖流，他感到他关爱Joshua，廖老师和学校也同样关爱Joshua，刚来时的一肚子怨气早已烟消云散。然后，Joshua爸爸和廖老师一起制订了一份帮助Joshua学习进步的方案。

案例分析

很多中小学老师都会遇到家长向学校和老师抱怨，最常见的抱怨就是其孩子学习成绩差、分数低都是老师的过错。在这些家长的眼里，他们的孩子都是宝贝，都是天才，如果学习上出了问题，都是老师的责任，老师没把他们的孩子教懂，所以他们不知道怎样写作业，考试时答不对问题。面对家长这样的抱怨，我们怎样给他们一个满意的答复呢？廖老师的这个案例给了我们启示。

廖老师在开学初就为每个学生建立了一个文件夹，记录了学生点点滴滴的进步和成长。这个文件夹的特点就是既有广度又有深度。广度指的是它收集了学生各个方面的信息，比如，Joshua的文件夹里不仅有他的学习记录——作业、出勤、考试的学习档案，还有其他个人的资料，比如奖牌的照片、展出过的作品、日常行为的表格、写给老师的信，等等；另外还有老师和家长的往来信件。深度指的是日复一日积累起来的资料，比如，作业档案里记录了从开学到期末

Joshua每次交作业的全部情况，哪天按时完成，哪天迟交，哪天没有完成。这样的文件夹为老师和家长提供了精确、完整的信息。

当Joshua爸爸到学校抱怨时，廖老师没有忙着去为自己辩解，也没忙着跟家长解释，因为在这时候，家长满脑子都是老师的过错，根本就听不进去任何解释。她的处理办法是：跟家长一起分享这些积累起来的资料，让Joshua爸爸了解Joshua的学习情况。在这个案例中，针对成绩差、分数低的抱怨，廖老师把Joshua的作业、出勤、考试的记录给他爸爸看，并分析分数低的原因，比如，课堂作业出现错误，可能是没听懂讲课内容；家庭作业延迟或完不成，是因为在家里没有人帮助他；出勤率很差，是因为没有遵守老师的规定。这些资料帮助Joshua爸爸明白了儿子分数低的原因。这些精确、系统的资料胜过廖老师的解释，消除了Joshua爸爸的抱怨，并使他的抱怨慢慢转换成感激，因为他从儿子的档案里看到了廖老师对他儿子的关爱。与此同时，这些资料也让Joshua爸爸认识到教育孩子不是学校单方面的事情，孩子出了问题，不能全责怪老师，家长也要给予支持和帮助，于是他非常愿意跟老师合作，帮助Joshua进步。

家长有了抱怨，老师们应该用积极的态度去面对和处理。大多数家长的抱怨说明他们对孩子的学习很关心、重视。面对家长的抱怨，千万不要跟家长争执或者为自己辩解。廖老师的案例告诉我们，要以"记录/资料"服人。保持并不断更新学生的文件夹需要花费很多时间和精力，有人会认为，学校没有这个规定，这是额外的工作，有必要给自己增加负荷吗？作为一个专业的老师，这份辛苦不但值得，而且一定会有回报。从廖老师的案例中，我们看到她用文件夹里的资料成功地与Joshua爸爸沟通交流，消除了他的抱怨。同时，这些记录也帮助廖老师认识到，Joshua的课堂作业正确率一直不是很高，可能是他没听懂老师讲课的内容，她应该改进教学方法，给予他进一步的关注。另外，如果有些家长不相信自己的孩子会犯错误而因此指责甚至起诉老师的时候，这些文件夹的资料就会替老师"说话"的。

写到这里，我想起了美国教育专家、教师岗前培训项目负责人安奈特·布鲁肖（Annette L. Breaux）（2013）的一段话：

"一个记录，两个记录，三个记录；

成绩记录，考勤记录，档案记录；

它记录着学生的成长，

教师用这些记录帮助学生天天向上，

这些记录也在帮助教师探索教学方向。"

27 老师如何在课堂上控制自己的情绪，避免做出过激反应？

案例背景

目前，在课堂上强词夺理和爱挑衅的学生越来越多，他们的出格行为妨碍了老师的教学计划正常进行，影响了其他同学的学习。每当在课堂上遇到这些捣乱的学生。老师在学生面前常常会生气、发火，试图惩罚或教训学生，换句话，老师对自己的情绪失去了控制，随后就会做出过激的反应。下面两个案例中，姚老师和韩老师都遇到了那些让老师看见就头疼的"坏学生"。让我们先来看看他们是如何被学生的捣乱行为激怒而失去了对自己情绪的控制。

案例描述

姚老师的案例

姚老师的中文班是一个混合班，学生来自6、7、8三个年级，学生的中文水平也参差不齐。今天的教学计划是安排三项小组活动来练习和巩固上节课学过的句型。姚老师把活动的要求详细向同学们作了解释，然后按照学生的汉语水平，把他们分成5个小组。活动开始以后，姚老师发现Brian坐在第一小组里，并没有参加他应该去的第二小组，她大声说："Brian，请你参加第二组的活动。"Brian没有理睬她，坐着没动，还跟别的同学说笑着。姚老师提高了嗓门："Brian，请坐到自己的座位上！"Brian装作没听见，一动没动。姚老师走到Brian身旁："Brian，听到没有？我让你坐到你的座位上！"Brian没理睬。姚老师觉得她的权威受到了挑战，而且是在全班同学面前向她挑战。她忍无可忍了，拽起Brian的袖子，要把他拉到他的座位上。Brian也不示弱，一边把姚老师的手推开，一边喊："别碰我，我就不去。"

第二天，姚老师拽学生的事情就成了学校里的头号新闻，Brian的家长找到学校，口口声声说他们的孩子在学校受到欺负，不依不饶，要学校给个说法。结果，姚老师写了检讨信，向家长道歉，还受到处罚，两个星期不能上课。

韩老师的案例

韩老师的班上有好几个所谓的"问题学生"，这些"不可理喻"的学生捣乱成性，哪个老师都不愿意教他们。今天是韩老师第一天给这个班上课，他简单讲解句型以后，发给学生练习的讲义和要求，并把练习的要求大声说了一遍，然后把学生们分成小组做练习。

过了几分钟，"问题学生"A站起来问："讲义上的练习都要做吗？"韩老师说："是的。"又过了几分钟，"问题学生"B问了同样的问题，韩老师说："我已经说过了，都要做。"又过了一会儿，当韩老师正忙着帮助一个学生时，"问题学生"C又问了同样的问题。韩老师有一些恼怒："我要告诉你多少次才行？"学生C扮着鬼脸说："1000次。"全班同学都哈哈大笑起来。看到老师被激怒了，学生C跟其他同学挤眉弄眼，意思是：看看，老师终于"上钩"了。韩老师感到他的权威受到了侮辱，终于和这个学生"短兵相接"了。他敲着桌子说："你是不是脑筋有问题？"学生C也不示弱："不是我有，是你有。"韩老师的火再也压不住了，大声喊着："你现在就给我到办公室去！"学生C毫不客气地回敬："去就去，我正好不想坐在你这无聊的课堂里。"其他几个"问题学生"马上跟着起哄："让他去""到办公室去""无聊的课堂"……韩老师气得一句话也说不出来。

案例分析

让我们先看看姚老师是如何被学生激怒的。当姚老师要求Brian到第二小组参加活动时，Brian不理睬，装作没听见，甚至当姚老师走到Brian身旁时，他还是坐着不动。姚老师立刻感到她的权威受到了挑战，她的命令学生不听，她在全体学生面前丢了面子，这种"对抗"行为超越了她的忍耐程度，使她无法控制自己的情绪，随之而来的就做出了过激的举动——拽Brian的袖子，要把他拉回到他的座位上，结果给自己引来了不必要的麻烦。

面对一个有对抗情绪、拒不配合的学生，老师可以听之任之，不闻不问吗？当然不可以！否则老师就无法管理课堂了。生气、强行要求学生听从老师的命令都不是解决问题的好办法，而且不会有好效果。孩子们都会犯错误，都是在错误中吸取教训慢慢长大的，所以有经验的老师常常会采取这样的策略：把选择权下放给学生，心平气和地给学生两个选择：要么按老师的要求，到第二组参加活动，要么到办公室等待个别谈话，然后让学生自己选择。无论他们的选择是什么，他们都要对此负责。这样做既尊重了学生的权利（自己作选择，并对选择的后果负责），又使矛盾得到缓和。

让我们再看看韩老师是如何被学生激怒的。在上课的第一天，这些捣乱学生想用各种办法试探韩老师的性格和忍耐底线。他们想看看什么情况下，什么事情可以激怒这位老师，老师生气时是什么样子，老师的软肋在哪里，会用什么办法"修理"他们。于是，几个"问题学生"反复问韩老师同一个问题。面对这样的"挑衅"行为，韩老师的怒火开始升起，当学生C的行为引起全班同学大笑时，韩老师的怒火压不住了，终于与学生"短兵相接"了。

面对学生一而再，再而三的"挑衅"，韩老师的情绪失控了，做出了哪些过激反应？失控的第一阶段，他用讽刺、挖苦的口吻回答学生的问题——"我要告诉你多少次才行？"恰恰是这种消极讽刺的口吻激起了学生的反唇相讥——"1000次"，进而引得全班哄堂大笑。失控的第二阶段，韩老师敲着桌子，对学生大声喊，导致师生之间的冲突逐步升级。

美国青少年一直被认为是难以管教的叛逆群体，他们的捣乱行为简直不可理喻。学生做出挑衅行为有各种各样的原因，比如想试探老师的底线，想"哗众取宠"，引起别人的注意，想发泄心中的怨恨，等等。不管是什么原因，毫无疑问，他是想挑起一点儿事。可是这事至少需要两个人，如果老师不陪他玩，他的挑衅就等于宣告失败了。所以，老师不要跟挑衅的学生"较劲"，不要立刻对学生的挑衅做出反应，而是要保持镇定，控制局面；更不要用讽刺、挖苦的语言教训学生，因为刻薄的语言只能挑起学生的攻击欲。面对学生的挑衅行为，有经验的老师常常会简单地说一句"请你课后留下来，我们需要谈一谈"，然后接着讲课，把全班同学的注意力从这个学生身上转移到教学内容上。当这个学生意识到你不和他玩，就会自动放弃他的小把戏。如果他还是继续捣乱，就只好让他去校长办公室了，这恐怕是学生们最不愿意的事情。

我们当老师的，每天都要面对各种各样令我们头痛的学生，"挑衅型"的、"对抗型"的、"愤怒型"的、"争辩型"的……每当遇到这些捣乱的学生，要老师不生气是不太可能的，但是，老师都必须做出选择：要么大发雷霆，让学生看看到底谁厉害，把学生收拾得服服帖帖；要么保持冷静，泰然自若，一点一点消融捣乱学生的企图，同时还能维护他们的自尊。优秀教师的最大特点就是他们知道如何在学生面前控制好自己的情绪，始终保持冷静，用理性的方式处理学生的不当行为。老师永远都不应该在课堂上情绪失控，所以生气的时候，一定不要表现出来，因为一旦学生看出你生气了，他们就知道你的软肋在哪里，便不想被你管理，而且还会变本加厉，让你更生气。你应该先让自己的情绪平静一下，一直到你的思维恢复到正常状态，然后再理性地思考应该如何处理眼前的局面。当老师情绪可以收放自如，就可以做到不生气、不发火。

除了控制好自己的情绪，老师还应该努力把挑衅的、对抗的、愤怒的行为消灭在萌芽状态，最有效的办法之一就是建立一套系统的课堂纪律规定，让学生明确你对他们的要求和期望。一旦有学生违反了这些规定，就要坚决按规定给予惩罚，立即实施，绝不手软。这种"杀鸡骇猴"的做法就是向学生表明，老师言而有信，说到做到。执行课堂纪律规定要坚持持久性和一致性，有时候听话的学生违反了规定，老师处理起来会心慈手软，这样的后果会使学生感到不公平，对老师的威信产生怀疑。所以对所有学生要一视同仁。

老师最难获得的能力之一就是在任何情况下都能控制自己的行为，时刻保持镇定，用更周全、更专业的方式，来督促学生们遵守纪律。让我们朝着这个目标共同努力！

如何与不配合、"难搞定"的家长沟通？

案例背景

每一位海外汉语老师都希望得到学生家长的配合，督促孩子完成老师布置的家庭作业，包括要在电脑上完成的作业以及老师布置的认字、写字的作业等等。有的家长往往心里觉得孩子学中文很重要，但当学校老师要求他们配合着做些工作时，哪怕是仅仅占用家长很少的时间和精力，有些家长也不肯付出。他们认为，孩子在学校每天都上中文课已经够了，所以，他们把孩子学中文这件事完全推给了学校。针对于此，海外汉语教师要积极和家长沟通，说明要求，同时了解各个学生家庭基本情况，帮助家长制订个性化的助学方案。因为只有针对性强，才有可行性。

那么，我们应该怎么面对家长、跟家长沟通呢？这里面可是大有学问的。特别是那些问题学生的家长，或者是有问题、不配合、不讲理、难搞定的家长，跟他们沟通交流绝对是需要技巧的。这是因为，有的家长明明自己对孩子的学习不要求也不支持，却还希望孩子的中文得高分、中文学业超群……在这里，跟家长具体谈什么其实并不重要，关键的是怎样有效顺畅地跟那些不配合、不讲理、难搞定的家长沟通，特别是跟那些表现有点儿差劲的学生家长沟通。

案例描述

两位来自国内的访问教师被分配到一所公立学校教授中文。该校坐落于大波特兰地区比较偏远的农村，周围被大片农田包围。相当一部分学生来自低收入的农工、季节工、单亲或非裔美国人家庭。学生来自什么家庭背景，有什么样的父母，这本身是无可非议的。而这两位教师却在与学生家长的多次交往过程中，心态变得跟刚开始来美国教课时不一样了，缺少了刚来美国时的那种热情和诚恳的态度，慢慢变得不能摆正心态，高高在上，权威至上。开家长会、与家长通电话或者面对面交流沟通时摆出一副轻视，甚至还有点儿蔑视学生家长的样子。几个月教下来，两位老师心照不宣地有一种不自觉的判断标准：凡是和老师意见不一致的，凡是不照老师要求去做的，都被他们认为是素质较低的家长。

在教师培训中，这两位老师是这样介绍、描述学生家长的："我们班级的家长多是没有正式工作的。""我们的学生家长相当一部分是操西班牙语的季节工，本身缺乏教育背景，教育水平低下，在家只对孩子说西班牙语，他们对教育不够重视，更不积极鼓励、支持孩子学中文。""我们的学生家长很多是蓝领工人，没受过什么教育，素质很差……"听完他们说的这些话，用一句通俗的话说，就是我们老师太拿自己当回事了。

他们举例说，有一次，一位学生家长在家校联系簿上签了一句意见，说作业太多，孩子回到家除了做作业还是做作业，根本没有时间玩耍、休息。第二天，其中一位老师看到家长的留言后，马上把这位学生叫到办公室，关上门，对他说："你是不是什么事都跟你父母说？既然你向你父母抱怨家庭作业太多，那么以后我留的作业你就不要做了，更不用交了。什么嫌老师留的作业太多，什么耽误了你玩耍的时间，这都是你不愿意做家庭作业的理由吧！"几天后，这位学生家长打电话责问："你作为一个老师，不接受我们的建议减少作业量，反而责怪学生，你有什么理由和权力单独训斥我的孩子？建议是我写的，意见是我提的，你不服，可以直接找我说，为什么难为孩子？你为什么不让孩子写作业、交作业了？你作为老师，到底想干什么？"这位家长劈头盖脸地在电话里说了一大通，这位老师当时哑口无言，根本插不上嘴，手握话筒，默默地听着家长的奚落，无言以对，最后也不知道说了什么就挂了。这位家长事后还向校长告状，对我们这位老师的做法颇有微词。接下来就是校长按照程序开调查会，了解情况，并按照学区规定与老师一起向家长道歉，并表示下不为例，同时把这件事作为一次教学事故记入这位老师的教学档案。

案例分析

美国的中小学非常重视和家长的沟通，更鼓励家长积极参与学校生活。学校一般每年都会举行"嘉年华"或者家长开放日，邀请家长来到学校参观校园，并且观看师生们表演的节目。在小学，还有很多活动是要求亲子共同参与的。这给老师、家长和孩子共同沟通交流提供了好机会。此外，美国小学有许多家长做志愿者为孩子们服务。

不过，在美国的中小学，也有很多家长总会偏袒自己的孩子，孩子说什么，他们就信什么，习惯于把他们的孩子做不好、学不好的责任归咎于老师，这一点难以让来自中国的老师接受。接到案例中那位家长的电话，被劈头盖脸地责问、质问，我们可以想象一下，教师如果遇见这样的家长，沟通还能很好地进行下去吗？在这个案例里，教师看到家长的留言，可能气就不打一处来，所以赶紧找那位学生单独谈话，一来可能是想调查澄清事实真相，二来可能想跟那个学生单独谈谈，出出气，警告他下不为例。但是这位教师因为赌气而不让学生做作业、交作业，无意中扮演了"独裁者"的角色，家长当然不高兴。

在美国，学生家长就是上帝，教师要以关心孩子的态度同家长保持经常性接触，同时还要表现出一种与家长合作的真诚愿望。不少家长对孩子的老师要求非常高，跟校长和校董也直言不讳，敢说敢做。他们与老师的联系的确非常紧密，e-mail基本上不断，甚至要求老师每天上课前给家长发e-mail，告诉家长当天的上课计划和活动；下课后紧接着也要发，告知家长当天留了什么作业，学生带回家什么表格需要家长填写等等。勤快的老师几乎每天都更新班级网页，希望家长和学生每天都关注老师的邮件和班级网页上老师布置的作业和活动，以及对家长的要求。家长们也都有老师的工作电话，有的甚至还有老师的私人手机号码，以便与老师随时保持联系。除此之外，家长约老师见面也是常事。孩子成绩一下降、课上学不会老师教的内容、老师留的作业太多做不完，学生回到家就会告诉家长，家长一听到抱怨就给老师打电话或发邮件问清楚、弄明白，有的甚至指手画脚地告诉老师该做什么，不该做什么。这让从中国来的老师常常觉得他们有时候真的不是在教知识，而是在为家长服务，唯恐他们带着不满到校长那里告状。老师稍不耐烦或不听取、接受家长的意见，麻烦和问题就会接踵而来，直到校长和学区出面解决才善罢甘休。

教师应该与家长构筑信任平台，这是教师与家长实现良好沟通与合作的关键与前提。这是因为，沟通是一种复杂的社会与心理现象，信任是合作的台阶，没有高度的信任就不可能有非常成功的沟通。信任是班主任实现与学生家长良好沟通、开展合作的心理基础，能使交谈气氛和谐一致，提高双方的心理相容度。与家长谈话，是教师和家长的双边活动，是语言、情感的双向交流。家长的为人、教育程度、社会阅历、性格特征、心理因素等都会直接影响到谈话效果。所以要以诚相待，取得家长对老师的信任，而不是任性、赌气，甚至拿学生撒气，做出对教育学生不利的决定。

另外，与学生家长沟通，讲究一个"诚"字。只有诚心诚意，才能打动家长的心，使他们愉快地与老师合作，有效地促进家长科学地开展家庭教育，提高家庭教育水平。教师应用诚心架起与家长沟通的桥梁。在处理类似案例中出现的情况时，应该真诚地与家长交流，以促进家庭的和谐与孩子的进步为出发点。客观地评价学生的表现，以赢得家长的信任，取得家长的理解与支持。一旦老师认真倾听家长的倾诉与烦恼，让他们感到老师是诚心诚意想要帮助他们解决矛盾的，才不至于出现家长打电话责问并直接向校长告状，最后不得不由学区出面解决问题的局面。对待家长一定要有礼貌，平等地看待家长，无论他们的教育程度如何，社会地位高低，家庭富有还是贫困，单亲还是双亲家庭，老师都不能以貌取人、以教育程度取人、以社会地位取人、以贫富取人，不能因为学生的原因而迁怒家长，或者因为家长的原因而责问学生，更不能因为学生家长的社会地位和教育程度高低而区别对待，否则，不但不能解决问题，还会使问题更糟糕。在与家长谈到学生时，老师的评价要客观公正，这样才能取得家长的信任。教师在谈到"问题"学生、想取得家长支持时，可以先说说该生的优点，然后再转入正题，这样的沟通效果才更好。

鼓励鞭策学生的话语被误解为批评怎么办？

案例背景

钟老师在国内是小学语文老师，对教学充满了热情，针对不同的学生他准备了不同的教学计划，使每个学生都能在他的课上学到知识。他班上的有些学生学习不太努力，有时候不能完成作业，有时候上课不注意听讲，有时候考试不及格，等等。钟老师没有对这样的学生采取严厉批评的措施，他认为批评会让学生失去自信心他的策略是鼓励鞭策学生，激励他们上进。同时，他对自己的学生也充满了期待，希望他们在学习上都能有显著的进步，取得优异的成绩。

去年，钟老师考取了海外汉语教师的资格，被派到美国一所公立小学教汉语。这个学校以前没开过汉语课，所以学校决定这学期的汉语可能是选修课，如果学习汉语的学生人数增加了，再变成正规课。钟老师觉得自己肩上的担子很重，他决心要使这个学校的中文项目有一个良好的开端。

案例描述

钟老师的汉语课是一个4年级和5年级的混合班，有25个学生。学生们有积极性，上课很配合钟老师的教学计划。钟老师对这个中文班的学生很满意。Gabrille是班上学习很努力的学生之一，但是前两次考试出现了几个不应该出现的小错误。为了使Gabrille在期末以前取得更好的成绩，钟老师决定找Gabrille单独谈谈，鼓励她更上一层楼。放学以后，钟老师让Gabrille到他的教室。

钟老师把Gabrille两次考试的成绩摆在她面前，然后问Gabrille："这两个考试难不难？"Gabrille回答："还可以。"

钟老师接着说："第一次考试有15个问题，你答错了两个；第二次考试有20个问题，你答错了三个。这些考试的问题我们在课堂上都练习过，你应该能答对，为什么考试的时候答错了呢？"Gabrille低着头，小声说："不知道。"

钟老师用鼓励的口气说："我知道你是个学习很努力的孩子，希望你再努力一些，考试时再仔细一点儿，争取下次考试把问题都答对。"钟老师又进一步鞭策Gabrille："Bruce两次考试都得了满分，你要加把油，向他学习，争取下次考试达到满分，好不好？"Gabrille一句话没说，闷闷不乐地走出钟老师的教室。

第二天午饭以后，校长把钟老师叫到办公室，问起前一天和Gabrille谈话的事情。钟老师把谈话的内容讲述了一遍。校长告诉钟老师，早上接到Gabrille家长的电话，口口声声说Gabrille因为考试答错了几个问题而受到钟老师的批评，心情坏极了，晚饭也没吃好，家长还表示Gabrille不愿意继续上汉语课了。听了校长的话，钟老师万万没想到前一天的谈话会带来这么大的副作用。他告诉校长，他和Gabrille谈话是想鼓励她取得更大的进步，完全没有批评的意思，Gabrille和她的家长一定误会了谈话的内容。钟老师不明白为什么他对Gabrille的鼓励被误解为批评呢？

案例分析

美国心理学家罗森塔尔（Robert Rosenthal）曾经在一所小学进行智力测验，测验结束后他交给校方一份"智商型人才"名单。事实上罗森塔尔的名单当初完全是随机选择的，他们与班上其他学生没有显著不同，但他并没有告诉校方。学期之末，罗森塔尔再来复试，果然名单上的学生表现突出。为什么会有这样的结果呢？这是因为在这一段时间中，老师对这些学生抱有极大的期望，不断地激励学生，给学生信心，引导他们去认识、发现自己内心深藏的无限潜力，这就是著名的罗森塔尔效应。由此可见，鼓励和鞭策是增强学生学习自信心和主动性的重要措施，也是提高课堂教学效率的有效手段。

那么，为什么钟老师对Gabrille的鼓励和鞭策被她和家长误解为批评呢？这主要源于美国文化和中国文化对鼓励和鞭策采取不同的方式。记得以前看过一篇关于国际中学生数学竞赛的报道，其中谈到考试结束后，老师和学生们一起讨论竞赛的内容，中国老师问他们的学生："考试题难不难？几道不会？错了几道？"而美国老师却是另一番态度，问他们的学生："怎么样？答对多少题？"这两种截然不同的询问方式代表了两种文化的不同教育理念。传统上，我们中国老师看学生的考卷时常常看学生被扣了几分，那么，这被扣除的几分自然而然就成为我们鼓励、鞭策学生的基础，成为我们为学生设定的一个既是可能达到的但又是较高的目标。钟老师正是在这种理念的指导下与Gabrille谈话的。钟老师鼓励鞭策的方式是通过指出她答错的几道题，希望她认识到自己的不足，从而努力达到更高的目标。然而，钟老师的一番苦心并没有被Gabrille接受，反而被误认为是在批评她。为什么会这样呢？

西方的教育理念是看学生的正能量，看学生知道了多少，答对了多少，而不是看他错了多少。这种理念的原则是鼓励学生建立自信心，带着轻松、愉快的心情参加学习。不管多差的学生，身上总会有闪光点，老师就从这些闪光点出发鼓励学生。记得在我以前任教的学校，有一位学生因为比赛中没取得名次难过得哭了，他的老师鼓励他说："也许在你们中间会出现全国冠军、世界冠军，但那是将来的事，现在的比赛主要是检验平时的训练，培养力争上游的精神，你这次表现很好，我满意……"这样的鼓励使学生感到他的努力得到了老师的肯定和支持，心里一定舒服多了。钟老师的鼓励方式是指出学生的不足，这在美国学生和家长看来，不是鼓励，而是批评，因而引起一些不必要的误会。

美国著名的心理学家詹姆士说："人类本质中最殷切的需求就是渴望被肯定。"人的生理和安全需要得到基本满足之后，就会产生强烈的自尊需要，即渴望得到别人的肯定和尊重，古今中外，男女老少概莫能外。作为教育工作者，教育艺术的本质在于唤醒、激励、鼓舞学生，尤其是孩子，心智尚不成熟，生性敏感而脆弱，更需要老师的肯定和支持。

那么，在鼓励鞭策学生的时候，应该注意哪些问题呢？

1. 要实事求是。表扬和鼓励时要注意符合实际情况，不能一好百好，任意拔高。只有在深入实际了解情况之后，实事求是地肯定成绩，才能取得预期的教育效果。

2. 要及时。任何表扬和鼓励，都不能拖延太久，及时评价可以利用学生头脑中刚刚留下的鲜明的记忆表象，印象较深，不论对评价者本人或学生集体都更有助于激励积极向上的意志和愿望。

3. 要适当。表扬和鼓励不能过于频繁。如果对一个学生进行过多的表扬，容易使他产生骄傲自满情绪，听不进一点儿批评意见。

4. 要注意学生的年龄特征和个性差异。小学生最突出的特点是自尊心强，爱面子，切忌把对成人的奖惩办法搬到小学里来。在同一年龄阶段的儿童中还存在个性差异，这也是教师在工作中应该注意的。如表扬可以采用登榜表彰、背后夸奖、口头称赞、微笑鼓励等方法，教师要特别注意运用好表扬的多层性、多面性的特点。同时关注学生的情绪变化，通过安抚技巧，消除感情隔膜，防止过激行为和误解等消极情绪，在鼓励中饱含信任和期望，在信任中维护其自信和勇气。

5. 最好不要通过同学间的互相比较来达到鼓励的目的，这样可能在表扬某个同学的同时，伤害了其他人。例如："你回答得真好，比有些同学强多了！""你的手工课作业完成得真好，全班无人比得上你！"类似这样的表扬，就不可取,而应换成:"你的回答正切中题意,很准确!""你的手工课作业做得真好,我想你一定花了很多心思,老师真喜欢你的作品!"。

第四章

文化冲突

30 教师讲课时容易忽视中外文化差异怎么办？

案例背景

在海外汉语教学过程中经常涉及中外文化知识，经常是教师不经意间已经触到中外文化的差异之处。这和我们与人交往是一样的，并不是想说什么就说什么，也并不是任何话题都可以提及的，特别是一些敏感话题或者词汇都要尽量回避，以免出现尴尬。美国汉语课堂中的学生来自不同种族，有着不同的文化背景，所以对于海外汉语教师来说，应有较强的文化意识，应对各个文化圈的禁忌现象有所了解，加强跨文化意识，尽量避免海外汉语课堂中出现文化碰撞、文化冲突现象，尽量避免因涉及敏感话题而引起的课堂尴尬，影响课堂教学气氛。

海外汉语教师除了掌握汉语的基础知识并将其传播给学生外，还要尽量多的了解中外文化差异，因为这必将直接影响到教学效果。由于中外文化差异是多方面的，在我们的教学内容中多有体现，如：问候语的不同，称呼的不同，表达顺序的不同，对颜色喜好的不同，生活习惯的不同，思维方式的不同等方方面面的不同在我们的课堂上随时可能出现，这就要求教师一定要了解中外文化的差异，避免因文化差异出现尴尬。

案例描述

因为中外文化差异引发的问题主要表现在：中外文化知识的欠缺，造成交际障碍。例如，我们有的老师在讲颜色时，举例子的时候常常不假思索地说自己不喜欢黑色，甚至在介绍中国颜色文化时，对于黑色的解释说明似乎全是一无是处的贬义。殊不知在其所教的学生中就有黑人学生，教师没有考虑学生对颜色的敏感这一差异，很可能会使学生产生心理阴影。再比如，有的老师上课经常爱用"那个"（nèige）的口头禅。殊不知"那个"（nèige）的发音听起来就像英文的negro或nigger。一般情况下老师在课堂上用这个口头禅是没有一点问题的，但如果课堂上有非洲裔美国学生的话，可能就会引起很大的麻烦。还有，海外汉语课堂上在讲"喝"这一动词时，有些老师常常喜欢这样问所教的中小学生："你喝过酒吗？""你喜欢喝什么酒？啤酒还是葡萄酒？"还有，在教学生如何用疑问词"什么"时，有的老师总是爱刨根问底地问班里的每个学生："你父母是做什么工作的？""你家住的是别墅还是公寓？是租的还是买的？""你父母开什么牌子的汽车？"等等。美国法律规定商家是不允许卖酒给21岁以下的年轻人的，更何况大多年龄在十几岁的中小学生，这个问题显然不妥。还有的老师上课爱问很多关于恋爱、婚姻、年龄等个人隐私的问题，一般到了高中阶段，学生个人的情况不同，有的不愿意谈这类关于个人隐私的问题，往往会出现尴尬的局面。

案例分析

吕必松先生在《关于教学内容与教学方法问题的思考》（1990）中对教学只涉及语音、词汇、语法和汉字等传统内容提出了批评，认为人们的交际能力至少应该包括语言内容、语言技巧、交际技能和文化背景知识四个方面。他指出交际文化是隐含着的文化因素，本族人往往对其习而不察，所以只有通过语言和文化的对比研究才能发现其特征并揭示出文化差异的规律。这些跨文化交际中出现的文化差异就包括我们案例中出现的那些敏感问题，其产生原因是因为中国人和美国人所认定的不同的隐私范围及对待隐私的不同态度和方法。比如，在中国文化中人情味颇浓的关心被美国人视为隐私侵犯。中国人常问:"你吃饭了吗?""你多大岁数了?""你有对象了吗?""你结婚没有?""你的工资是多少?""上哪儿去?""你的衣服真漂亮,花多少钱买的?在哪儿买的?""你家房子花了多少钱买的?"其实这些在中国人看来再平常不过的问题,在跨文化交际中会被视为很敏感的问题。例如案例中我们的老师让学生练习关于颜色的生词时,告诉学生她不喜欢黑颜色,甚至列举出黑色在中国文化中的贬义。那么学生中如果有非洲裔美国人,这个在中国人看来毫无非议的事情可能会因民族、社会、文化、地区、情景、场合等因素的不同,而被视为老师上课时使用了具有歧视性的词汇。所以我们建议教师要多了解学生的文化背景和处事的思维习惯,比如他们喜欢的颜色和讨厌的颜色。再比如,如果学生是穆斯林,用餐时不要在他们面前大谈培根的美味,这样会让他们觉得不受尊重。

  教师在课堂上讲解中国颜色文化或讲解例句时,"黑"这个词是不能随便用的。比如"黑人",最好的说法是"非洲裔美国人"(African American)。在西方文化中,黑色一般代表贬义,如:黑色的日子,表示凄惨、悲伤、忧愁的日子,像"黑色的星期五";黑色在绘画、文学作品和电影中常用来渲染死亡、恐怖气氛;黑色是哀悼的颜色,人们常穿黑色衣服参加葬礼。在中国文化中,黑色还代表"秘密""隐蔽"和不确定性,如:"黑社会"是指地下隐蔽的犯罪组织;"黑箱"是指一个没有信息发出的系统;"黑金"常被用来形容来路不明的钱财,通常是来自于贪污;"黑户"是指在中国城市里那些没有户口的人和家庭,也包括大量在城市里居无定所的打工者。但黑色也是有褒义的,如:在时装界,黑色代表稳定、庄重的样式;口语中,"新黑色"代表最新时尚潮流;在财经方面,"黑字"代表入超,证明没有欠债;在中国民间,有时黑色的食物被认为是对身体好的健康食品,例如黑豆、黑米等营养丰富;黑色和铁的颜色相似,所以黑色也象征着铁面无私、正直;在京剧中,黑色脸谱的人代表刚正不阿、严正无私、性格严肃、不苟言笑,如包公、张飞、李遂等。黑色在古代也是尊贵和庄严的象征，在现代除了这两种含义，黑色还代表神秘。因为远古时代的人们惧怕黑暗，所以黑色也象征恐惧和神秘。因此在严肃高级的场合，男子着黑西装，女子着黑色礼服被视为庄重、典雅。而在丧葬和祭奠时，亲人朋友也穿着黑色服装、戴黑纱以示肃穆和尊重，等等。

  美国政府明文规定，不可以用"东方人"等具有歧视性的词汇指代亚洲裔美国人和其他族裔的人。"东方人"和"黑人"将分别由"亚洲裔美国人"和"非洲裔美国人"取代。除了这两个称呼，"讲西班牙语的人""因纽特人"和"印第安人"也将分别由"讲西班牙语的美国人""阿拉斯加州原住民"和"美国原住民"代替。除此之外，美国法律中还将加入"夏威夷州原住民""太平洋岛民"等词汇来称呼过去法律中从未提及的少数族裔。凡是涉及歧视的言辞，在美国是禁止使用的。一项基本原则就是政治正确。比如称呼有色人种，一不小心，就会犯政治错误。一个美国白人曾介绍他是如何避免犯错的。在美国，咖啡不加奶，叫作"黑咖啡"（black coffee），但他去买咖啡喝，从来不说"black coffee"，而是说"不加奶的咖啡"（coffee without milk）。虽然这位白人有点过于谨慎了，但这种谨慎对我们汉语教师来说是必须遵从的，不然就容易在课堂上"祸从口出"，搞不好会被校方贴上"犯政治错误"的标签。

  中外文化有差异是很正常的事情，教师需要对来听课的学生的背景有所了解，避免触犯禁忌。对于文化的差异，要做到相互尊重、相互理解、相互包容，先要解释清楚，再求领会理解。海外汉语教学对象主要是汉语为非母语的学习者。因此在教学的时候，教师一定要具有政治、民族、种族、社会和文化的敏感意识，肯定不能够光以教授汉语语音、语法、词汇、汉字为己任。事实上很多时候汉语学习者的交际失败并不是因为发音不准、词汇贫乏、语法混乱，教师教授吃力、事倍功半，也并非因为教师不够专业和敬业，很多问题是出在教师缺乏足够的汉语文化知识和跨文化意识。学生们常常不理解为什么中国人见面就问"吃了没""去哪儿"，还经常询问他们父母的收入、年龄和婚姻状况等被视为隐私的问题。所以，在海外汉语教学中，只有将传授语言知识、语言技能和文化因素有机地结合起来才能更有效地提高学生的语言交际能力。

中外文化差异属于跨文化交际范畴。类似问题看起来容易做起来难，需要教师不断提高综合素质。作为一名海外汉语教师，应在平时就注意培养自身的跨文化交际能力，了解中外文化差异，知晓在一种文化中被视为好的，可能在另一种文化中就被看作是差的；在一种文化中某种行为被看作是正常之举，在另一文化中可能被看作离经叛道。也就是说，每一种文化的判断标准是不同的。交际双方加强在文化方面的相互了解和认识是至关重要的。以上案例证明，海外汉语教师对中外双方文化上的异同意识越强、了解得越多、认识得越深，汉语课就教授得越顺利、越有效、越成功，越能在推动汉语教学在世界范围内的推广过程中发挥积极的跨文化桥梁作用。

31 学生不"尊师重道"怎么办?

案例背景

柳老师是中国某省重点学校的高中语文老师,具有十多年丰富的汉语教学经验及中国颁发的高中教师资格证。她作为国家汉办公派教师被派到俄勒冈州一所公立中学教授中文。该校在柳老师去之前,有一位本土教师教授中文课程。后来这位教师因个人原因辞职,该校中文课程就全部落在了柳老师肩上。由于柳老师到美后需要经过考试获取俄勒冈州国际教师资格证后方能独立任教,所以在获得资格证之前,她的课上每次都有一位该校持有俄勒冈州教师执照、教授西班牙文的老师坐在课堂上。该老师有时候也帮助柳老师用英文维持一下课堂纪律,提醒学生一些课堂注意事项。柳老师每天认真备课,教学环节紧凑,方法得当,课堂上学生配合默契,师生互动良好,中文课成了深受学生喜爱的课程之一。柳老师对学生们的课堂表现非常满意,对自己在该校的教学信心满满,直到有一天来了一位来自英国、因父亲工作调动不得不来到美国的插班生Mark。

案例描述

这一天,柳老师走进教室,刚准备开始上课,这位来自英国的学生Mark就站了起来,对着柳老师,更确切地说是向全班同学宣布:"我不喜欢学习中文。"柳老师用不太流利的英文问他:"你为什么不喜欢学习中文?"Mark说:"我以前从来没学过中文,是我爸妈硬逼着我来学中文的。你最好告诉我爸妈，就说我跟不上课，让我改学西班牙文吧。"柳老师听罢，非常耐心地向他解释学习中文的重要性和意义，并提出每天下午为他补一个小时课。Mark没再说什么，就开始上课了。当然，由于没有一点中文基础，他在课堂上的参与程度和表现可想而知。

一天，柳老师刚刚带领学生朗读了一段课文，Mark突然大声喊道："Hay, teacher, I hate Chinese.（哎，老师，我恨中文）"柳老师没有理会他，继续她的课堂教学。见没有引起老师的注意，Mark又趁机大喊一声："Hay, teacher, I hate you.（哎，老师，我恨你）"柳老师还是装作没听见他在喊什么，继续上她的课。这时候，Mark有点气急败坏，开始向讲台上扔东西，用脚踢旁边同学的桌椅，并把旁边同学的中文书一把抢过来狠狠地摔在地板上。这时候课堂上同学们开始骚动，课程无法继续，一些学生开始抱怨，为什么柳老师能够容忍Mark对她的不敬。见课堂有些失控，柳老师走到Mark身边，小声提醒他要注意遵守课堂纪律，不要再捣乱，不然的话就要叫他坐在教室门口专门为不守纪律的学生准备的一套桌椅上听课。Mark说："我才不去外面听你的课，你最好把我转到西班牙文班上去上课。"柳老师也没再搭理他，就又继续上课了。这时候，Mark变得变本加厉，连续三次站起来大喊大叫，向柳老师示威："老师，我恨中文！老师，我恨你！老师，我恨你！"见老师还是不理他，他突然站了起来，又开始大喊起来："I hate China! I hate China! I hate China!（我恨中国）"这时候柳老师已经忍无可忍，控制不住自己的情绪，口中一边用中文大喊："给我滚。"一边冲到Mark跟前，一把揪住他的胳膊往外拽。瘦小的柳老师也不知哪儿来得这么大劲头，竟然连拽带揉地把将近一米八的Mark强拽出了教室。第二天，柳老师被叫到校长办公室，被告知她两个星期不能上课，因为她前一天拽揉Mark的行为被坐在教室后面的几位同学录了像，Mark的母亲不依不饶，把柳老师告到了学区，要求学区出面解决，不然的话就要对学区提出法律起诉。

之后，校长把柳老师请到办公室，在座的还有学区相关负责人，请柳老师讲一讲学生的具体行为，并问她为什么在Mark大喊"我恨中文""我恨你"时没有立刻采取行动，立即让他到教室外反省并报告给校长。很奇怪的是，柳老师解释说，她知道学生对她的课没有兴趣是有客观原因的，她不想因此影响其他学生正常上课。另外，在中国，她是班主任教师，如果一有学生捣乱就送到校长办公室，会被校长和同事认为这个老师没能力、没本事，连个学生都管不了。她解释说，最后一次把Mark拽出教室的原因是因为他喊叫"我恨中国"，这已经触动了她的底线，使她忍无可忍，也不知哪儿来得那么大力气就把他给拽出了教室，当时已经被气疯了，脑子一片空白，也不知自己在做什么。现在想起来是太过分了。

案例分析

课堂上，如果一个学生的行为已经影响到其他同学或老师的正常教学，甚至对老师和老师的祖国使用不敬或侮辱性语言，这时候老师的责任是立即对其言行加以制止，否则势必会影响其他学生的学习，有时还会耽误好多上课时间，影响教学任务的完成。如果纵容这种行为，会让学生更加觉得老师软弱可欺，变得更加嚣张、变本加厉。作为老师，最头疼的就是有的学生上课捣乱。但对待上课捣乱的学生确实有一定的技巧。处理得好，会很快息事宁人，恢复教学秩序；处理得不好，就会把事情闹大，使问题复杂化，有的甚至使教学活动无法进行。

我们觉得最好的办法是先试着"冷处理"一下。本案例中的柳老师在第一次听到Mark说"我恨中文""我恨你"时，可以一边讲课，一边用表情暗示，如用眼睛示意，让Mark保持安静；也可以点名批评：直接点名或说某某同学在做什么，制止他的违纪行为；还可以用动作制止：边讲课边走到他身旁，轻轻敲敲他的桌子，或轻轻帮他翻开书或作业本，或提问该学生正在讨论的问题，如果他答不出来，可以说"你可能还没考虑好，请坐下继续思考"，帮他搪塞过去，他自己也就不好意思再捣乱了。如果采取上面的方法后该学生还不收敛的话，老师可以号召其他同学别理他、漠视他的存在，他会自己感到没有兴趣，从而也跟着大家一起学习。如果这样还不能制止他的话，那么老师可以采用指名读书或到黑板前完成任务，或指名站起来回答问题，甚至也可以让他站一会儿，或坐到教室外面专门给捣乱学生或迟到学生准备的桌椅前听课。这些都是用轻微惩罚来制止捣乱学生的方法。

需要注意的是，对待课堂上不听话的学生，在处理时一定要冷静分析，要很好地控制自己的情绪，千万不能因学生的一点课堂问题而愤怒，以致出现过激的言行或惩罚学生，伤害学生的自尊心，打消学生的积极性，使得自己的行为违背了教育者的初衷，损害了教师的形象。在处理时要本着对事不对人，就事论事、以理服人的态度去解决问题。一个好的老师应该在课堂偶发事件面前灵活机智地把大事化小、小事化了，让学生受到良好的教育、心服口服。

柳老师犯的错误是：

1. 没有及时制止Mark上课使用不敬语言，让他觉得老师软弱可欺，其他学生也认为老师对捣乱的学生束手无策、无能为力，挫伤了广大同学的学习积极性；

2. 没有在事后及时向Mark和他的家长了解他不喜欢学习中文的原因；

3. 没有真正察觉Mark大喊他恨中文、恨老师、恨中国的真正动机，其实他并不一定真的恨中文、恨老师、恨中国，他就是要引起老师的注意，这样老师就可以通知他的家长或者校长，满足他学习西班牙文的愿望。

在校长办公室，校长告诉柳老师，如果她能在第一时间把Mark叫到校长办公室的话，问题就比较容易解决了。校长会跟Mark谈话，并把谈话内容和从柳老师那里了解到的情况书面通知他的家长，还要记录在案，这样就不会让事态发展得一发不可收拾。

以下是关于美国教育和课堂管理方法的介绍，希望能为奋斗在海外，特别是在美国中小学教学第一线的老师们提供一些启发、帮助和指导：

1. 在管理主体上，不仅师生都具有主体地位，而且很多校长每天至少会到每个教室走一圈，站在教室外观察一会儿课堂教学情况和纪律，有问题马上进去协助解决，没有问题就到下个教室去。

2. 在校长对老师的要求上，校长会一再鼓励老师们遇到不听话或捣乱的学生时，尽量不要自己单枪匹马地对付这个学生，一来是不要因此影响正常的教学秩序和班上其他同学，二来是怕教师自己处理不当，会给校方造成麻烦。骑虎难下。有的学校在碰到难缠的家长时，会请法律顾问协助解决。

3. 在师生关系上，美国教育看重平等。对于课堂问题行为，校方倾向于采用多元的归因方式和非强制性的处理方式。

4. 教师有权将违反校纪及自己课堂纪律的学生逐出教室，送往校长室，但教师需填写一式三份的"纪律处罚表"（Discipline Referral）交学生带走。校长或校长助理负责处理，做出相应处罚后将一份复印件由学生带回家由家长签字，一份交由老师存档，一份将在学生档案中留档。如果一个学生屡次在课堂上违纪，[学区对屡次（repeatedly）的定义是两次以上]，老师有系列详细的记载（documentation），在这种情况下被逐出教室被视为Formal Removal（正式驱逐）。这种情况下，校长或校长助理必须在三天内召开由家长、相关老师和学生参加的会议，会议上学生会收到正式书面通知，解释被驱逐原因，在等待会议的两三天中该学生不能去该老师的教室上课，会议决定学生是否接受"校内停课"（ISS: In School Suspension）处分。在具体实施中，校长或校长助理很少召开会议，往往一纸通知发给学生就去ISS了。

32 如何面对与政治相关的敏感话题?

案例背景

来自中国北方一所中学的关老师在国内具有多年教学经验和教授中等学校的教师资格证。看到她的简历后，好几个学区都希望录用关老师到其学区任教。最终关老师被派往俄勒冈州一个公立学区的一所高中独立教授中文课程。班上有25位学生，清一色的美国白人和非洲裔美国学生。一个月下来，老师授课有方，学生学习中文兴趣盎然，进步很快，师生关系融洽，相安无事。直到有一天，关老师走进教室，看到后面座位上静静地坐着一位非常文静的亚洲模样的女生。关老师心想，这大概是位新转来的ABC [American-born Chinese（美国出生的华裔）]或者从中国领养、在美国长大的中国孩子吧。想到这儿，关老师心里有一种莫名其妙的喜悦和期待，想着一上课就让她先用中文介绍一下自己，一方面可以了解一下她的中文水平，另一方面还可以顺便了解一下她的身世，一举两得。

案例描述

刚一走进教室，关老师就迫不及待地问这个新来的学生是不是中国人，该学生没有直接回答"是"或"不是"，而是直接当着全班师生的面大声说，她来自西藏，她不是中国人。关老师心想，当着这么多美国学生的面，如果不作声、不表态，就太不应该了。所以关老师回答说："哦，你是西藏来的，那你就是中国人啊!"听罢关老师的回答,那位学生显得很激动,站起来大声说:"我们说两种语言,怎么是一个国家的呢?"关老师说:"中国是一个多民族的国家,五十六个民族各有自己的语言,但都是中国人,都同属于中国这个大家庭。"这个学生马上又说她是印度人,反正她不是中国人。受过多年正面教育、具有十多年教学经验、充满爱国激情的关老师,听到这个学生公然在课上如此宣称,心里火冒三丈,仿佛学生是在向她进行政治挑战——尤其当着所有二十多位学生的面。这让关老师更是情绪激动,滔滔不绝地表达自己的观点,凭借母语表达了她的立场,即西藏自古以来就是中国领土,毫无例外,所有西藏人都是中国人……关老师言辞和情绪激动,让学生感觉有强迫其接受的压力。关老师一吐为快之后说:"该上课了,今天不说这些了。"关老师的做法是可以理解的。第二天,该学生的母亲给学校打电话说关老师对她女儿很"mean(有恶意)",必须给她打电话做出解释。校长接到电话后,立即让关老师来到他的办公室接听那位家长的电话,解释清楚。电话里那位学生家长不依不饶,非要关老师道歉不可。关老师说:"我不谈论政治,我只是个普通教师,教汉语。"那位家长还说,希望关老师以后别再打扰她女儿。

案例分析

在海外汉语教学中,面对像关老师遇到的这类敏感话题,到底是应该以"敏感"为由被动回避、拒绝做出说明和解释呢,还是出于自尊和防卫心理而感到不好接受和难以容忍进而主动应对呢?美国的初中和高中都设有社会学习/研究课程,学习、了解各国政府、历史和社会,常常把相关的政治问题留给学生讨论/争论/辩论,书本和老师一般都不会给出"正确"答案。所以学生们有时候会把他们的质疑和困惑带到课堂上。其实学生们可能并不认为这些问题有什么敏感性,也没有话题禁忌的意识,只是想知道自己的老师对某问题的真实看法。如果关老师没有遇到这个问题，那么她早晚也会面对其他屡被提及的敏感话题。有的老师被问到这些敏感话题时，或尽量绕开，不理不睬，能躲就躲；或谨慎小心，不敢触及，怕"祸从口出"；或像关老师那样，直接面对，对学生进行一番正面教育。

诚然，我们来自中国的汉语教师的本愿是教好汉语，尽量避免与学生发生矛盾和正面冲突，所以他们大都在课上不谈政治、不触及"敏感和禁忌话题"。然而，与其采取回避策略，倒不如事先做好准备，变被动为主动，应对自如。回答这些敏感问题时，首先要从跨文化交际意识和国际视角出发，给学生发表异见和讨论的机会，而不是情绪激动、简单地从单一的本国视角出发来表达自己的观点并强迫学生接受。这反而让学生觉得老师的想法太绝对、不理性，因而容易激发矛盾。

面对敏感话题，回避是无济于事的，教师应该敢于回应，用客观的视角化敏感为不敏感，取得话语主动权。案例中提到的那个学生，让关老师没有任何思想准备，当时也是为了顾及面子，不让这个学生的情绪影响其他学生的思维和判断力，才不自觉地端出一副教师权威的架子，把学生的观念压下去。这不可避免地会给部分学生留下老师太强硬的印象，进而影响学生对老师的尊重和信任。

确实，在汉语教学中的政治敏感话题一直不可避免，无论是面对家长还是面对学生，常常让汉语教师面临两难境地：坚持申明中方立场，可能会引起家长反感，以至于不让他们的孩子再学汉语；附和家长和学生，批评中国政府的立场，又会伤害自己的民族情感和自尊心。实际上，在正常情况下，较好的做法是：面对学生、家长，做好沟通和解释。海外汉语教师一方面教授中国语言和文化，另一方面又要考虑到学习者的语言和文化。在这种情况下，中文教师并不再仅仅是中国文化的代表者，而是两种文化的调停者或者说是从事中介活动（mediating activities）的文化中介（cultural mediator）和跨文化中介（intercultural-mediator）。在两种文化、两种理念、两种意识形态发生冲突时，帮助两者沟通并很快地建立适合双方的解释体系，帮助两者求同存异、互相理解，在面对两个说不同语言但又无法互相理解的对话者之间充当跨文化中介。通常情况下，文化中介活动被理解为口译、笔译、转述、概括四种语言交际活动。众所周知，作为一个翻译人员，是不应该也没有必要持有自己的立场的，他只需转述双方的观点，完成双方的互相沟通即可。有翻译经验的人都知道，要想完成双方的理解和沟通，仅熟练掌握两种语言是不够的，他需要掌握两种语言和文化的思维方式和对世界的认知方式，将说话者的意思用对方可以接受的方式表达出来。而要想学习者具备这样的能力，海外汉语教师自身首先应具备这样的能力。

同时，没有立场并不表明采取回避的态度。对于敏感问题，更是如此。如果教师避而不谈，反而会加深学生和家长固有的看法，认为一定是想隐瞒什么。敏感话题谈得多了，便不再是敏感话题。反之，束之高阁避而不谈，它就一直会是一个敏感话题。其实，教师遇到敏感话题时，去介绍和说明中国的情况和相关政策，不妨采取灵活多样的处理方式。前提是必须让学生心悦诚服地理解和接受，既不灌输，也不强加于人。在与学生的互动交流中，本着互相尊重、平等包容的原则，心平气和地晓之以理，树立世界文化观，通过回答问题借以传达民间的真实声音，求同解异，在比较中完成沟通交流。教师除了备课，还要备学生，备学生可能会提到的敏感问题，提前查找相关文件和资料，做好知识储备，这样才能从容应对敏感话题，尽可能因势利导，将敏感话题转化为学生关心了解中国、学习汉语和中国文化的推动力和兴趣点。

除此之外，面对案例中的情况，教师还可以采用角色扮演法，给学生布置任务，让他们下课后上网查找图片资料，在下一堂课上让几位学生扮演中国古代美女或才女——有的扮成王昭君或文成公主，自我介绍作为和亲使者远嫁的故事。通过表演历史故事让学生们了解到中国人民从古至今都是爱好和平的，以及不同民族间的友好和谐相处。让学生们就所蕴含的深层文化含义心领神会，因势利导地通过敏感话题，引导和激发学生了解中国、学习中国文化的热情，找出将敏感话题加以转化的有效途径。

此外，国际汉语教师还要具备一种机智灵活、风趣幽默地应对棘手问题的能力，因为没有人会料事如神地预备好回答学生的所有提问，有时玩笑逗趣和诙谐夸张也能化解课堂紧张尴尬的气氛。

教师可以接受家长、学生送的礼物吗？

案例背景

在进行俄勒冈州汉语教师职业发展和培训时，来自中国的老师常常向本土老师讨教这样的问题：在美国，家长、学生给老师送礼吗？老师可以接受吗？答案是肯定的。不过同样是给老师送礼，美国与中国有很大不同。在中国，学生家长给老师送礼除了表达他们的真心感谢外，有时会有一些无奈的理由，如与其他学生家长攀比，怕不送礼自己的孩子受到老师冷落，希望自己的孩子得到老师的特殊关照，如推荐得奖等等。家长送礼的金额有的比较大，送礼的方式也是五花八门，但大多采取"隐蔽"的方式，甚至把礼物送到老师家里。这样的送礼行为，家长们心知肚明不是一件阳光的事情，所以大多不会经孩子的手，有的家长甚至不愿让孩子知道他们给老师送礼的事情。

那么美国人是怎么给老师送礼的呢？

在美国，一年里最重要的节日是圣诞节。节日来临之际，早上上学的时候，会看到很多小学生手里拿着大大小小的礼品袋走进校门。所有的礼物都是孩子们亲手送给老师，而老师们不仅会当面收下礼物，感谢学生，还会写一张感谢卡让学生带回家。

美国家长普遍认为小学老师收入不高，但是工作很辛苦。圣诞节里美国人有送礼的习俗，他们不仅给家人送礼物表达爱心，也会给为他们服务的人如邮递员送上一份小礼物表达感谢，当然很多人也不会忘记孩子的老师。不过在美国，人们大多只给小学老师送礼。上初中和高中的学生很少给老师送礼，因为那时没有班主任了，任课老师又比小学时多了很多，所以学生们只给自己特别喜欢的老师送小礼物。

美国人给老师的礼物分为实物和礼品卡两类，他们不会给老师现金，因为那样有行贿之嫌，会让老师特别尴尬。不管是实物还是礼品卡一般价值都不超过25美元，大多在10到25美元之间。这样金额的礼物无异于其他圣诞节里亲朋之间互赠的礼物，既不会给家长带来太大的经济负担，也不会让老师感到压力，老师不必因此觉得欠了人情而去特别关照某个学生。Quartz网站曾经对2013年美国人给老师送礼作了一个小调查，其中有53%的家长没有给老师赠送任何礼物，有16%的家长给老师送了礼品卡，有35%的家长给老师赠送了礼物。Quartz网站援引一家调查公司的数据说，在2013年，老师接受的礼物平均价值在20美元左右。当然各地的情况有所不同，纽约市布鲁克林区比较富裕地区Park Slope的一个家长组织曾经作过一项调查，在2013年，托儿所的主要老师、特殊学校的老师接受的礼物价值大约50美元，小学、中学老师接受的礼物大约在42美元左右。美国有线新闻网网站上曾经刊登过一篇文章，建议大家给老师送礼的金额更加慷慨些：建议给托儿所老师赠送20—70美元不等的礼物外加孩子自己制作的小礼物，给中小学老师赠送25—100美元不等的礼物。

案例描述

一天，离圣诞节前的两个星期，在当地一所私立国际学校任教的江老师像往常一样早早来到学校。跟往常不一样的是，她一进学校大门，一眼就看到正对着大门的墙壁上挂满一排红色圣诞袜子，每个袜子上都贴着老师的照片和姓名，照片后面是一张"礼品心愿表"要求每位老师写上想要的圣诞礼物。江老师这下可为难起来，要什么礼物呢？她刚被派到这所学校任教就听说过美国学校圣诞节送老师礼物是传统，学生家长们都希望老师们直白地说出自己想要的礼物，这样可省得花心思去选礼物。江老师也知道，她在国内当老师的时候，也有不少学生家长给老师送礼，很多时候家长的礼物就代表了可能期待他们的孩子受到老师更多的关照，送的礼越多，期待得到的关照也就越多。但是在美国，情况并不是这样。如果家长觉得没必要送，他大可以不送，从来没有哪位学生因为圣诞节送礼问题而遭到老师冷落。这些道理江老师都懂，可是现在轮到她填写"礼品心愿表"，毫无掩饰地找学生"要"礼物，这让她感到非常为难。她盯着写着她名字的大红色圣诞袜，左思右想都觉得张不开这个口，所以就没写。两个星期后，有个ABC（美国出生的华裔）学生家长给江老师打电话说要去她家感谢她，暗示明显地要送礼、问地址。江老师跟这位家长一边周旋一边打着马虎眼，什么不方便啊、路不好找啊，什么假期旅游不在家啦，使出浑身解数千方百计不想让这位家长上门致谢。开学后那位家长还到学校找江老师，诚惶诚恐地问她是不是生气了，其实这位家长也没别的意思，就是想感谢江老师，因孩子成绩不好又调皮，让她费心了过意不去。当时那位家长脸上那种局促不安的神情真让江老师感到难受。她告诉那位家长，管好班上的学生是她的责任，如果不管就是不负责任，如果没管好那是老师无能。所以不用感谢，分内事，责无旁贷。最后家长千恩万谢地走了，江老师才长长舒了口气。

案例分析

在美国，家长也不是绝对不给老师送礼，不过人家怎么送、怎么收，还是有不少"规矩"的。

在管理层面上，美国对给老师送礼还是有一定的管理规定的。每个州甚至每个学校，对于老师收礼都有一定的规定。以纽约市来说，由于公立学校的老师属于公务员体系，所以老师首先必须遵守不得接受与纽约市有生意往来的公司超过50美元（含50美元）的礼物的原则，这些礼物包括现金、音乐会门票、运动项目门票、宴请等。纽约市教育部门强烈不主张老师接受与教育部门有关的承包商赠送的礼物。

关于学生个人的送礼，一些州/市的相关规定是，老师可以接受来自学生、家长、监护人用来表达情感且价值不高的礼物，比如廉价的围巾、手工制作的点心、贺卡、手工制作的礼物等等。如果是一个班级的学生在学年结束后，合在一起给老师赠送礼品，那么每个学生每人出的份子钱不能超过5美元。美国不少州的规定类似，给老师送礼的金额不能超过50美元，但如果是班级合赠的礼物，以每个人少量出资为原则，超过50美元的礼物老师也是可以接受的。而且，如果这份礼物是说明给老师购买教学用品，那么老师必须购买后保留收据备查。如果孩子需要老师写推荐信或者评语的时候，家长赠送的礼物，哪怕低于50美元，也是不能收的。有些比较富裕地区的规定则比较宽松，康涅狄格州的格林尼治地区是个富人聚居的地区，那里的公立学校的老师可以接受的礼物价值限额是200美元，但同样是该州的斯坦福地区的公立学校，老师收礼的限额则只有10美元。而亚拉巴马州道德委员会曾于2011年发文，防范学校的官员和老师受贿。规定列举可以接受的礼物类别如：水果篮、家里自制的饼干、圣诞节的装饰品、课堂用品等。如果接受过于贵重的礼物可能就违法了。受贿老师将会受到很严重的处罚，可能会因此而丢了饭碗，甚至可能面对牢狱之灾，并被罚款6000美元。

因此，像案例中江老师所在的学校就更直接一些，他们在圣诞节前把一张"礼品心愿表"放在为每位老师特别准备的红色圣诞袜子里，每个袜子上都贴着老师的照片和姓名，要求每位老师写上想要的圣诞礼物。其实江老师大可不必感到为难，为填写还是不填写这张礼品心愿表而发愁。只要不填写现金、贵重的礼物和超过5美元的物品，就不会有受贿嫌疑。比方说，江老师可以接受学生手工制作的点心、贺卡、手工制作的小礼物等等比较"保险"且不违规的礼物。

无论送什么样的礼物，学生一般都会附上一张贺卡，而这张卡一定是孩子们亲笔写的，这是孩子们学习表达感恩之心的好机会。在美国给老师送什么样的礼品也有一些讲究。每年圣诞节前美国的一些报纸杂志中都会有一些关于给老师什么礼物的文章。这些文章的建议大致包括：

1. 最受欢迎的是礼品卡。家长可以根据老师的年龄和喜好挑选超市、书店、电影院、饭店的礼品卡。

2. 最不受欢迎的是杯子，因为老师们已经收到了太多各种图案的杯子了。

3. 除了巧克力、咖啡、蜡烛、手套、围巾等等，老师们也喜欢课堂用品。据媒体报道，一年里美国中小学老师平均个人自掏腰包花在购买课堂教学物品上的钱差不多五百美元，所以赠送图案新奇的磁铁、记事本、最新出的适合学生阅读的新书等，都是家长对老师的支持。

4. 不要送太个人化的物品，如衣服，或是室内的装饰品，因为你不一定非常了解老师的个人风格。

34 教师如何避免"祸从口出"？

案例背景

来自中国南方省市的一位国家汉办外派志愿者孙老师被分配到美国当地一所公立学区的初中学校教授六年级（初一）学生中文课。他的班上有15个学生，以土生土长的美国学生为主，还有几个亚洲移民后裔和从中国领养的孩子。他们分别来自5个不同的班级，因选修汉语，坐在一间教室里。所有学生都是第一次接触汉语，对中国、中国文化和汉语充满了好奇，期待着能够在短期内学会说简单的中文，跟老师和同学会话，日后能有机会参加在中国举办的"汉语桥"夏令营。孙老师曾在中国南方一所中学任教，具有三年多的教学经验，但英语口语一般，发音不准确，语流生硬、词汇有限。由于学区要求老师们尽量只用汉语授课，所以孙老师的那点儿英文基本派不上什么用场。

案例描述

孙老师为他在美国中学的第一堂中文课做足了准备。那天一进教室，他先用中文向学生问好，并让学生跟着模仿说"你好"。接着孙老师就开始用中文介绍课程和课堂规章制度。他边说边比画，见学生们还是如堕雾中，不得其解，于是就开始用其生硬的英文重新开始，先是介绍自己，然后向学生介绍了汉语课堂的规章制度、课上行为标准，并告诉学生，在他的汉语课上，除了老师让学生在规定时间内进行汉语会话练习外，其余时间学生不得发出任何声音，手里不得玩东西，不得跟周围同学小声说话、嬉闹，上课不得开小差，一定要注意听讲。

　　由于孙老师的英文有限，发音又不标准，同学们听不太懂他在说什么，于是有的学生举手让老师再说一遍，有的让老师把主要纪律写在白板上。就在孙老师转过身在白板上写字时，学生们便三三两两地窃窃私语，有的学生还若无其事地嬉闹、扔纸团，有的甚至站了起来，嘴里还小声地吹着口哨。孙老师见控制不住局面，就停止了板书，转过身来大声说："Okay, what's your problem today?"（你们今天都怎么回事啊？）同学们你看我，我看你地面面相觑了几秒钟，然后大笑起来，互相问着："Okay, what's your problem today?" "Okay, what's your problem today?"见局面有点失控，孙老师又大声说："Shut up! You all shut up! If you don't shut up, you must get out of here!"（闭嘴！闭嘴！再不闭嘴，你们都给我滚出去！）听到这些训斥，学生们非但没有立刻安静下来，反而学着老师的话像起哄一样，嘻嘻哈哈地彼此对着大声模仿孙老师的话："Shut up! You all shut up! If you don't shut up, you must get out of here!"孙老师没招儿了，又改用汉语声嘶力竭地吼叫"请注意"，而这样的叫喊也不过淹没在各种嬉笑喧闹声中。孙老师眼看教室的场面要失控，只好提前结束了尚未正式开始的第一堂中文课。

　　第二天刚一到办公室，孙老师就被教学秘书叫到校长办公室。校长说收到了学生家长的投诉，说他上课"祸从口出"，用粗鲁语言虐待责骂学生，家长勒令学校立即让孙老师离职。孙老师感到非常委屈。后来问起他为什么说这些话时，他还理直气壮地觉得他没有做错什么，不过是让学生上课听讲，不要说话而已，不好好儿听讲、想说话的学生就到教室外面站着。他还说，"shut up"不就是中文"不要说话"的意思吗？"Get out of here"不就是要学生"到外面去"的意思吗？孙老师没有感到自己说错了什么。

案例分析

　　课堂管理语言是教师教学话语的重要组成部分。熟手型教师大多使用目的语管理课堂并进行教学活动，而新手型教师则更多依赖于学生的母语；熟手型教师课堂管理语言的有效性高，教学效果好，新手型教师课堂管理语言的有效性差，教学效果不理想。孙老师操着夹生的英语上课，自然会出现问题。这个案例表明，在沉浸式教学中，教师课堂管理语应以所教目的语为主，努力提高其有效性。新教师往往由于经验不足，教学方法掌握得不好或者不了解美国中文课堂上的教学法，而倾向于使用生硬的英语，结果适得其反，原本自以为不错的英文，被学生和家长理解为用训斥、愤怒、语言虐待的方式以迫使学生屈服。新教师如能像熟手教师那样，利用手势、肢体语言，把制订课堂规章制度作为学生参与的课堂活动之一，将会有利于尽快适应教学工作，促进自身快速成长。

　　课堂管理往往是一线教师们感到非常困难的事。而初中课堂由于学生正处于心理成长的过渡期，更呈现出复杂性，因此课堂管理成为初中教师在课堂中花费时间和精力较多的工作。而我们的老师初来乍到，从中国参加两个月的集中培训时就开始备课，一直备到抵达美国。但这些老师往往只是备课而已，并不备学生，因为他们无从了解他们所面临的学生将会是什么样的群体。作为教师，备课是一项基本功，不仅要备教材、备学生、备教学环境，还要备自己。在海外教学，教师们都能在自己的备课活动中注意到备课的重要性，但是大家忽视的是"知自我"。"知自我"绝对是备课中的一个重要因素。人们常说，"知己知彼，百战不殆"。如果说教材、环境、学生是教师本身之外的"彼"，那么，"自我"就是"己"。

　　作为教师，我们必须知晓、了解自身的特点，知道自己的优势和不足。要想获得最佳的备课效果，就必须对自己的能力素质进行全面的扫描和审视，真正找到自己的优势，明确自己的劣势。每个人都有自己的优势和劣势，有的老师擅长语言表达，有的老师擅长幽默搞笑，有的老师激情昂扬，有的老师内敛沉稳，有的老师动作优美，有的老师板书精彩……找到自己的优势和不足，就可以在自己的备课中，有意识地发扬自己的优点，回避自己的不足。案例中的孙老师如果在备课中也同时备自己上课时要说的话，就该在教课和课堂管理中避自己英文不够好之短，而发挥自己中文优势之长。当然，教师还要知道适合自己的教学方法。海外教法一年一个样，照猫画虎、纸上谈兵、岸上学游泳，不身临海外教学之境，怎么学也学不像。在"名目繁多"的海外教学理念和方法中，我们应该寻找适合自己所教学生的教学方法。教学方法不是越多越好，而是越实用越好，越适合自己越好。当然，同样的学生、同样的教案，不同个性的教师上课的效果也不同，这就充分说明了教师个人性格的重要性。教案不能复制出效果，教师备课，不仅要考虑课前的预设，还要能够预见到课堂的生成变化，甚至自己的反应。如果孙老师在备课中把自我"备"进去，那他就不会用其生硬的蹩脚英语组织课堂教学，因而也就不会出现失控的局面，甚至被家长控告。

  课堂上要让学生有章可循，教师要耐心细致地引导帮助学生作合适的选择和决定，并理解不同的选择会给他们带来不一样的结果，而不是像孙老师那样，直接宣布自己为班级制订的规章制度，没有给学生参与的机会。另外，作为教师，我们应该提倡正面积极的言语措辞，尽量用目的语加上手势和肢体语言，当教室里声音很大、很嘈杂时，老师不应扯开大嗓门喊："不许说话（don't talk）""闭嘴（shut up）""不要大声喧哗（don't make any noise）"，可以说"保持安静（be quiet）"，或镇静地举起一只手，学生看到的话也将手举起，直到大家的手都举起来了，教室也就安静了。

  课堂管理语言是教师重复率最高的语言，只有使用目的语进行课堂管理，教师才能避免使用生硬的学生母语造成对学生的伤害。同时也应避免在教学内容和课堂管理之间反复进行语言切换，这样才能有效地为孩子营造用目的语全面思考的环境，进而取得较好的教学效果。新手型教师意识不到用目的语管理课堂的必要性，在课堂中更倾向于借用学生母语管理课堂，再加上对学生母语掌握得不好，加之经验较少的限制，导致课堂管理的有效性差，汉语教学的效果不理想。

因此我们建议新手型教师在接班之初就应该建立用目的语管理课堂的目标，由浅入深、逐句积累，尽快进入以目的语为基础的课堂教学的良性循环。另外，管理课堂时，还要多注意学生的执行情况，让学生意识到教师关注指令的执行。最后，要注重加强语言的感染力，通过语气、语音、语调等的变化，让自己的课堂管理语言更加立体生动和富有实效。此外，教师的语言必须以正面鼓励为主，任何时候都不能伤害学生，即使批评也要充满激励性。教师的语言应该像"雪中炭""六月风"，应当把自尊、自爱、自我调整的权利留给学生，而教师自己则主要起点拨、引导和激励的作用。大声呵斥，甚至用不当语言维持课堂秩序，不仅会伤害学生自尊，严重者还会被家长告上法庭，被学校解雇。

35 学生挑战中国传统教育观念怎么办？

案例背景

千百年来，"孔融让梨"一直作为一个道德教育故事广泛流传，成了许多父母和老师用来教育子女怎样懂得谦让礼仪的典范。《三字经》中"融四岁，能让梨"即出于此，它成了许多中国父母拿来教导子女谦让的典范。来自中国的公派志愿者孟老师被派到俄勒冈州一所设有沉浸式汉语教学项目的学校任中文主课教师。这一天，孟老师饱含激情地给所任教班的学生们讲"孔融让梨"的故事：

孔融小时候聪明好学，才思敏捷，巧言妙语，大家都夸他是奇童。4岁时，他已能背诵许多诗词，并且非常懂礼节，父母都很喜爱他。一天，父亲的朋友给孔融兄弟们带来了一盘梨。父亲叫孔融分梨。孔融给自己挑了个最小的梨，其余按照长幼顺序分给兄弟。孔融说："我年纪小，应该吃小梨，大梨该给哥哥们。"父亲听后十分惊喜，问他："那弟弟也比你小啊？"孔融说："因为弟弟比我小，所以我也应该让着他。"孔融让梨的故事传遍了他的家乡曲阜，并且一直流传下来，成了古今中外中国许多父母教育子女的好例子，是弘扬中华传统美德的经典故事之一。这个故事告诉人们，要学会孝亲敬老，懂得尊重，不要自私自利，凡事应该懂得谦让的礼仪，这些都是年幼时就应该知道的道德常识。中国古人对道德常识非常重视，道德常识是启蒙教育的基本内容，融于日常生活、学习的方方面面。

案例描述

故事讲完后，孟老师给学生编排《孔融让梨》的小短剧，其中一幕重头戏就是把孔融将大梨让给哥哥弟弟，却把最小的梨留给自己的故事表演出来。

排练前，孟老师问班上的美国学生："你们怎么看孔融让梨？如果你是孔融，你会怎么做？"课堂上顿时炸开了锅，学生们你一言我一语，七嘴八舌地讨论起来。学生们都觉得孔融让梨这件事情不可思议。扮演孔融的学生首先发言："老师，为什么大梨一定要给别人吃？我觉得公平竞争最好！"另一个学生立马眨眨眼睛："就是就是！弟弟肚子太小，大梨吃不完不就浪费了吗？多可惜！"其余学生纷纷起哄，有的学生说，他没有兄弟姐妹，不用让梨；有的说，他们的爸爸妈妈从来没让他们分过梨子，而且美国的梨子大小都一样；还有的说："如果我是孔融，我不会让梨。为什么孔融爸爸的朋友要给孔融家带梨呢？如果是礼物，为什么还明显的有大梨和小梨，买一样大的梨子不是更好吗？"还有一个女学生说："为什么要把梨子分给每个人吃，谁想吃谁自己去拿不就行了吗？孔融让梨的目的是要表现谦让，是为了讨爸爸妈妈喜欢，所以才自己拿了一个最小的梨。他这样做对其他兄弟不公平，剥夺了他们选择和表现谦让的机会，因为分到最大梨的兄弟有可能不喜欢吃梨呢！"还有一个男学生有点儿气愤地说："我觉得孔融不诚实，也许他因为不喜欢吃梨才给自己拿了一个最小的，可是不喜欢就应该直接说，为了讨大人喜欢才编出这么做的理由是很虚伪的。还有，要是他真的喜欢吃梨的话，却把大个的梨都给了他的兄弟们，那是不是口是心非呢？做一个好孩子应该光明磊落，而不应该口是心非，喜欢什么就该承认才对啊！"还有的学生甚至说："这个故事不好，鼓励主观武断，剥夺了民主，而且孔融的爸爸不负责任，让只有四岁、还没有行为能力的孔融分梨，是极不负责任的表现。他很主观地按照自己的意愿把梨分给兄弟，却得到了父亲的表扬。如果我是孔融，我就会把梨放在桌子上，谁愿意吃谁自己拿就好了。"

对于这些长期在西方教育体制下熏陶成长起来的外国学生来说，他们不仅无法理解这些小故事背后所蕴含的深刻含义。面对学生们你一言，我一语的"抬杠"和向老师的挑战，其实更是向中国文化和传统美德的挑战，教师应该怎么办呢？

案例分析

一个中国儒家思想的典范在美国孩子眼里却变成了主观武断、践踏平等和假心假意的典型。这个时候，教师的首要职责是要先安抚学生，耐心地向大家解释孔融让梨这个小故事是要教会大家懂得谦让，孝亲敬老，告诉他们这是中国人的传统文化美德，也是中国人的文化之根。让他们对中国文化有更深一步的理解。

文化应该根植于体内，而不仅仅是在书本。作为一名汉语教师本身就是一个活的文化标本。也许老师们任教的外国学校里，学生们是第一次接触到中国老师，也是第一次接触到汉语课，孩子们通过观察教师的言行举止，聆听教师的说话方式，可以逐渐确立起中国人的形象以及中国人的思维方式。所以教师在教汉语的同时，也进行着中国文化的播种，在培养"听话"学生的同时，更应注重外国孩子的个性发展，鼓励孩子懂得分析事情的前因后果。

孔融让梨的行为，在国外被认为不是一个孩子应有的天性，而是显得做作，虚伪。中美教育方式不同，中国注重礼仪——不管是否出于真心，都要尽力表现懂礼貌有修养的品质。美国更注重本心——以自我需求至上。在中国，"孔融让梨"被视为是一种谦让的美德，是中国最基本的传统价值观的体现。对于一般中国人来说，最怕别人说的是，不仁不义、不孝顺、没良心、没有责任心、好吃懒做不勤快、不自立（啃老）、不成家立业、没知识文化、不祀祖、不顾家、不爱国、不讲理、自私、蛮横、没家教、没礼节……简言之，中国人的核心价值观就是仁、义、礼、智、信；忠、孝、节、勇、廉；温、良、恭、俭、让；敏、毅、严、恕、和。

教师可以按照这些中国的传统价值观和美德来帮助学生分析一下，就可知"孔融让梨"的故事为什么符合孔融的品性了。一个四岁的孔融并不一定真的想要小梨，而是道德要求他这样做的。从本性上说，首先要满足自己的合理需要。对四岁儿童来说，满足他的最基本的需要就是吃饱穿暖，这将会使他高兴，使他获得满足。而受到古代圣贤教化和熏陶的孔融，不得不压抑本性，在小小的年纪就抑制自己的需求，而去谦让他人。站在"人以自我为中心的"基础上推导，那就是谦让，满足别人的"自我"，自己失去食物，但是却收获了别人的感激、信任、夸赞，可以得到别人的支持，这是一个为人做事的基本条件。

教师要通过分析，帮助学生了解"孔融让梨"故事背后所体现的中国传统的核心价值观是什么，让他们理解，也许孔融进行了不诚实的选择，也可能他是故意地讨好人，他的行为可能会让在西方价值观熏陶和影响下长大的人觉得很不舒服，但谦让毕竟跟诚实一样，也是一种美德。一方水土养一方人，重要的不是在课堂上由老师来评判谁是谁非，而是尊重不同的价值观，百花齐放、百家争鸣。

无论来自中国的还是美国本土的教师都要知道，其实美国也是一个十分重视中小学生品德教育的国家。早在21世纪初，美国政府就曾提出："为了使国民适应社会发展的要求，克服发达的生产力和高度物质文明与国民的精神道德水平不相协调的矛盾，应当在思想道德教育上进行一次革命，把加强和改进思想道德教育管理作为面向21世纪教育的重要目标。"美国前总统克林顿曾在1997年2月的国情咨文中特别强调，要恢复美国的国际竞争力，必须从培养人开始抓起，学校必须加强学生的品格教育。美国前总统里根、布什也曾多次发表演讲，强调道德教育在美国社会发展中的重要作用，敦促恢复传统的价值观教育，加强品德教育。

美国价值观教育有两个很重要的特点，一是给予学生判断的能力和思考的土壤，二是为学生创设真实情境。美国学校注重培养学生的批判性思维能力。教师在讲解诸如孔融让梨等反映中国传统道德价值观的故事时，应从中美价值观的角度，分析比较两国核心价值观的相同与不同之处，以及这些价值观在个人行为上的体现。学生通过比较，可以了解并理解孔融让梨这件事所折射出的正面的家庭教育对孩子们的成长和行为产生的积极影响。而美国学生从初中升入高中，从高中升入大学都参加志愿者服务，这对于学生正确理解个人利益与公共利益之间的关系，促进学生对社会责任的理解，满足学生自我实现的需要，增强学生对社会的认同感和凝聚力等都有着极大的帮助。正如历史学家、普利策奖得主墨尔科蒂所言："志愿主动精神有助于塑造美国国民性格。"

36 学生为何在中文课堂与在其他学科课堂上的表现大相径庭？

案例背景

　　无论是在中国还是美国的中小学课堂上，上课遵守纪律，尊敬老师和同学，是最基本的校规。美国人更强调个性发展，主张个人主义，所以尊敬师长、尊老爱幼相对于中国人淡一些，而老师和学生、家长和子女的平等更浓一些。我们在俄勒冈州中小学汉语教师职业发展和培训课上，常常听老师们发表他们在这方面的感想和体会。在美国，学生们并不会因为中文教师的身份而尊敬、敬畏他们，相反，学生会用各种各样的小把戏来试探中国来的老师们处理问题的能力和耐心的极限。

　　对于每个从中国来的新老师，不管男女，不分年老年轻，经验丰富或欠缺，都要经历这个过程。如果老师能力强，专业知识深厚，并能深刻了解并理解学区的规章制度、教学标准和要求，则能及时处理纪律问题，保证课堂秩序，并有能力在具有挑战的课堂环境中传授知识，将班上的学生教出A或A+的成绩来。只有学生佩服老师，并对老师有信心，家长才不至于轻易挑毛病；只有学生对老师有信心了，老师的日子才好过，纪律也就自然好管了。但有时我们的老师会发现，同样一个学生，在中文老师的课堂上很调皮，很难管，但在其他老师的课堂上却很守纪律，很认真地学，考试成绩也大相径庭。这是怎么回事呢？

案例描述

赵老师具有中国的教师资格证和8年的中学教学经验。来到俄勒冈州后，又获得了该州国际教师资格证，在大波特兰地区的一所中学任教三年有余，负责教授该校6—8年级的中文课程。她在教师培训会上介绍说，部分学生上中文课经常迟到，有的上课后十几分钟才满头大汗地跑进教室，有的到教室后还是安静不下来，叽叽喳喳说个不停，还有的甚至大声说话、吹口哨……当问起那些迟到的学生为什么迟到时，他们总是振振有词，不是怪英文老师下课迟，就是抱怨数学老师拖堂、音乐老师让他们下课后把乐器放回原处、体育老师忘了下课时间，云云。明明知道有些学生在说谎，看到他们跑进教室时满头大汗、一脸无辜的样子，又不忍让他们出去，一来怕学生反抗，就不出去，二来怕学生家长找麻烦、闹事。在这种情景下，教师自己的处境变得非常被动：让这些学生留在教室吧，那么等于告诉全班学生，迟到和上课大声喧哗在中文课上是可以的，这让老师觉得在学生面前没有面子，失去了威信。

在学校每周一次的教师会上，赵老师向其他老师征求意见，讨教对付这些学生的办法。出乎赵老师的预料，其他学科的老师们对于中文班里一些学生总是迟到、上课不听讲甚至喧哗的现象表示不理解，因为这些学生在他们的课上都会按时上课，课堂表现与赵老师说的大相径庭，而且这些学生其他科目的学习成绩都好于中文课的学习成绩。参加师资培训的其他教师，特别是初中教师，也有同感。他们发现，同样一个学生，在一个老师的课堂上很调皮，很难管，但在另一个老师的课堂上却很守纪律，很认真地学，考试成绩也差别极大。这到底是怎么回事呢？赵老师一头雾水，百思不得其解。

案例分析

在中国，上课遵守纪律、尊敬老师和同学，是最基本的校规，也是中国的传统文化。由于美国的学校更强调个性发展，主张个人主义，在英语中叫做"individual freedom"，它是美国人的价值观念中最重要的一个。它起源于美国祖先追求宗教信仰自由的传统。目前，它已演变成追求个性的自由、解放。在语言上体现为，美国人经常爱用"I think…/I believe…/My opinion is…"这样带有强烈个性色彩的开头语来表达自己的观点。即便是美国国务卿在代表美国政府讲话时，也会用这样个性色彩强烈的词汇。这与我们中国人的表达习惯有很大差别。正因为如此，在美国学校，尊敬师长、尊老爱幼就淡一些，而老师和学生、家长和子女的平等就更浓一些。大多数在美国教学的中国老师在这方面的体会更深些。在美国，学生不会因为你是他们的任课老师或班主任而尊敬你。

在美国的许多中小学校，由于各个学科都采用以学生为主的"放羊式"教学方式，学生一天下来情绪高昂，容易激动。课间换教室时教学楼走廊拥挤推搡，吵声一片。这也许是因为学生可能上英语文学课时刚刚表演了莎士比亚剧里的角色，上西班牙语课又做了游戏，再来到中文课时，可能还处在很兴奋的状态中，表现在行动上就显得很闹，说话声音高，容易激动、争吵，心静不下来。学校本来应有的安静、祥和，互相尊重，有理有节的文明秩序在这种"放羊式"教育理念下淡化了很多。

对待这样的学生，老师自己要先稳住，不要急躁。对于迟到的学生，可以稍微严厉地看这个学生一眼，说："进来坐好！"等他坐好后，再对着全班同学说："××同学你迟到了。请在下课后找老师，我们处理一下你迟到的问题，好吗？现在，请跟大家一起，翻到课本……"这样既做到了以对课堂教学的影响最小的方式来处理学生的违纪问题，又保证了课堂秩序，顺利地继续进行正常教学。但是，教师一定要记得，下课后自己还需要干什么，让学生知道，你是认真的，说话算数的。这样才能让迟到的学生心服口服，让没迟到的学生觉得公平合理。经验告诉我们，人在激动的时候，很难理智地思考问题。所以，课堂上遇到事情首先要冷静，先稳住事态，不宜当堂处理学生，否则会激化矛盾。

为什么同样一个学生，在一个老师的课堂上无故迟到，上课喧哗，调皮捣蛋，难于管教，但却在另一学科老师的课堂上遵守纪律，课上认真听讲，课下刻苦学习，考试成绩大相径庭呢？这种区别是由学生对老师的信心程度不同决定的。如果学生认为老师教得好，纪律管理能力强，能学到东西，他们就心服口服，愿意并积极与老师配合。否则，老师因只顾忙着管教上课迟到的、调皮的、说话不听讲的学生，而没时间和精力关心其他学生，结果会导致全班学生的反抗和拒绝。这种例子，在海外本土和中国公派教师的教学实践中是常见的。如果处理不当，老师会处于很被动的地位，自信心下降，甚至会因学生的不满和家长的投诉而被迫离开教学岗位。

所以一个好教师，一定是一个严厉但公平的老师（strict but fair），是深受学生尊重而且也能管住学生并让他们自觉遵守纪律的老师，这样天性乖巧和天性调皮的学生才能在一起学习进步，谁也不影响谁。不然的话，久而久之，就连遵守纪律的学生也会不满，他们的家长也要向校长或校董事会抱怨或状告老师工作无为、教学效果差了。所以，严厉而公平的老师，才是能长期奋斗在教学第一线的老师。表面上看，在美国的一些学校、一些课堂上，有些老师貌似"放羊式"管理，其实他们绝不是放任自流，无底线的。

37 如何避免触及美国教育的"红线"?

案例背景

2006年,美国启动了大规模的语言旗舰项目,如汉语、韩语、俄语及阿拉伯语等,其中汉语旗舰项目中心最多,涉及范围最广,涵盖了小学、中学、大学。这些中文旗舰项目的教学目标是培养具备高级中文水平的专业型人才,语言水平要能够达到美国外语教育理事会ACTFL评估标准的最高级。旗舰教学模式的最大特点就是中文教学与专业教学相结合,专业课程的教学坚持内容教学为中心(content-based instruction)的教学理念,让学生使用中文而不是母语学习专业知识,把中文作为工具,在研究专业学科知识的同时提高中文运用能力。

祁老师去年被汉办派到美国一所中文旗舰项目的初中教汉语。这个中文旗舰项目的孩子们从小学一年级就开始学习汉语,有比较好的汉语基础,小学毕业以后,进入旗舰项目的初中继续学习中文。在学校里,学生们除了上中文语言课以外,还要学习一门"社会学科"的课程。这门课的内容就是用中文学习世界历史。

祁老师任教的学校大部分学生来自当地美国人的中产阶级家庭,比较注意自己孩子所受到的教育,所以很多家长积极参与学校的教育活动,支持、帮助学校和老师管理教学。

案例描述

  这学期祁老师教的是6年级的"社会学科"的课程，学生们从小学一年级一直学习中文，去年刚升入初中。这所学校第一次开设用中文来学习"社会学科"这门课，祁老师也是第一次用中文讲授专业课程。开学的第一个月，课程进行得很顺利，祁老师认真教学，学生们努力学习，校长很满意。第二个月学习的单元内容是关于第二次世界大战。课本上的内容太简单了，祁老师找到一篇有关抗日战争的阅读材料，内容是日本在第二次世界大战中犯下的罪行。祁老师把它简写了一下，又添加了一些导读问题和练习问题，然后发给学生作为课外阅读练习，让学生在一个星期内完成这个作业。

  几天后的午饭时间，校长把祁老师叫到办公室，询问课外阅读练习的事情。祁老师兴冲冲来到校长办公室，满以为校长会表扬他的课外阅读练习的创意，可是，刚迈进校长办公室，他就发现气氛不对。除了校长以外，办公室里还坐着主管教学的副校长和外语组组长。校长先让祁老师把他的阅读材料的教学目的和准备过程介绍了一遍，然后，指着阅读材料中的一张插图，问祁老师："你注意到这张插图有问题吗？"插图画的是一个日本军人恶狠狠地举着一把战刀。祁老师把插图仔细地看了看，觉得插图符合阅读材料的内容，没看出什么不妥的地方。看到祁老师一脸的不解，校长告诉祁老师，这张插图上恶狠狠的目光和举起的战刀是暴力和恐怖的象征。正是这个原因，不断有家长找到学校，指责祁老师在教学上使用暴力和恐怖图片，使学生的心灵受到伤害，甚至有的家长说他们的孩子晚上做噩梦。这些家长要求学校及时处理这件事，停止祁老师继续上课的资格。

  听了校长的话，祁老师完全懵了，一句话也说不出来。这样的插图在中国出版的书籍中也出现过，从没有人提出异议。经校长的提醒，祁老师认识到了这张插图的问题所在。校长让祁老师写一封检讨信，承认自己的错误，接受家长的批评，并保证以后不再发生类似的事情。

校长把祁老师的信转发给学生的家长，并责成外语组组长定期听祁老师的课，帮助他熟悉美国的教育制度和文化。

案例分析

在美国，公民可以在言语上抨击总统、丑化官员，但是如果扬言要杀总统，涉及侵犯他人以及公共安全的犯罪威胁，就要受到追查和制裁。美国的每个学校都有规定，暴力和恐怖行为是零容忍度，被严格禁止，即使是恐怖言语也要受到严厉的处罚。前不久，一位中国留学生在社交网络上发布了一张持枪照片，并且威胁如果学校还是让他挂科，就让教授体会到恐惧。这句留言看似玩笑，却触动了美国警方的红线，短短两天后，这个留学生被学校开除，并立即被遣送回国。

祁老师在准备阅读材料时，只注意了内容和语言的难易度，并没有意识到阅读材料中的插图带有暴力的象征意义。这样的图片在美国学校的课堂上是不被允许的，特别是对年纪比较小的孩子。美国的中小学教育以正面、积极的方式传授知识为主，提倡孩子们在轻松、愉快的环境下学习知识，任何对他们心理成长不利的因素都会受到家长的指责和学校的禁止。从美国人的角度来看，祁老师阅读材料中的插图涉及暴力和恐怖，会让学生的心灵受到伤害。祁老师的错误是对美国法律常识的不了解。

从祁老师的案例中，我们可以得到什么启发呢？

美国公立学校从小学1年级一直到高中12年级是义务教育，教育经费大部分来自纳税人每年缴纳的教育税，所以美国的公立学校必须为纳税人服务。美国教育是公众的事，家长非常了解自己的权利，对学校有很高的期望值，时刻监督学校的管理和老师的教学情况，如果他们发现学校的管理和老师的教学出了问题，可以直接干涉，有的家长甚至将学校或老师告上法庭。正因为如此，每位中小老师在考取教师执照以前，都要经过职业化的教育和培训，比如，课上课下、校内校外，哪些事可以做，哪些事不可以做；对学生、对家长、对同事，哪些话可以说，哪些话不可以说；给家长写电邮、打电话、面对面谈话时，话应该怎么说，什么时候说，用词力求严谨，因为任何时候打印出来的邮件都可以作为正式的书面文件，所以美国老师自我保护的意识也比较强。这些都是美国教育工作者应具备的职业化的概念。

除此以外，还有哪些"红线"是汉语老师应该注意的呢？

1. 身体接触是一条不可触及的高压线。无论什么时候，都要跟学生保持一定的身体距离，以免产生不必要的误解和指责。身体接触包括：拥抱、拍肩膀、摸摸头、把手放在学生的肩膀上，等等。在本书的第一章，我们已经分析了谢老师"揪"学生衣领的案例，希望大家从这个案例中得到启发。小学生年纪小，常常希望老师给他们一个拥抱和鼓励，如果学生主动给老师一个拥抱，老师可以接受。中学生有较强的独立心理，最好不要与他们发生身体接触。

2. 种族歧视是一个敏感的话题。老师在做到平等对待每一个学生的同时，尽量避免谈论这类话题。如果上课时发现有学生使用不当词语，要及时制止，无效时要送校长办公室处理。

3. 美国文化的隐私权无处不在。无论在校内还是校外，不要跟无关人士谈论学生的成绩或者个人隐私。在美国学校，学生的个人信息，包括：家庭背景、身体健康、学习成绩、考试分数等，都是学生的个人隐私，别人无权过问。学生的学习成绩和考试分数更是隐私权重点保护的方面，老师绝不可以把一个学生的成绩告诉别人。成绩单只供学生本人及其家长了解，别人不允许打听。如果需要与家长交流孩子的学习情况，以面谈或电话交流为上策。

4. 无论是同性还是异性，在和学生单独在教室谈话或辅导时，老师都一定要记得把门打开，而且要注意保持距离。这种"敞门政策"表明老师和学生的谈话或辅导是正常工作，不是私人会晤，同时也防止无端被告性骚扰的隐患或引起别人生疑。

5. 保管好学生的分数档案，尤其是高中的老师。因为在美国，高中生申请大学的重要材料之一就是高中四年的成绩单。分数是学生的命根子。每位老师给学生打分要有足够的证据，这些文件即使都存在电脑里，也要准备好备份。有些学生和家长为了得到好成绩，申请好学校，常常指责老师给分数不公平。这时候老师的分数档案就可以让他们找不到借口。

6. 做好本职工作。不经学校许可，尽量不要提供额外服务，比如，随便让学生搭车，一旦出了意外，法律上的麻烦很大。再比如，中国留学生与寄宿家庭有矛盾时，请汉语老师帮忙，在没有学校授权的情况下，不要介入，否则一旦矛盾升级，责任太大。可以把他们介绍给学校的咨询服务部门（counseling service）。

总之，美国的教育法律法规很多，各州还有自己的规定，每位初到美国学校任教的汉语老师都应该努力了解当地的教育法规和所在学校的规定，多向有经验的老师请教，遇到问题，及时向校长汇报，增强自我保护的意识。

38 老师为什么被学生问得哑口无言？

案例背景

成语"半夜鸡叫"指突发不祥事件或不好的事件。源自《史记·孟尝君列传》。战国时期，齐国的孟尝君在即将被捕时逃亡，夜半至函谷关。按规定，晨鸡报晓则开关。于是他命令随从当中擅长口技的人学鸡叫，果然奏效，顺利出关。

新中国成立前，一个外号叫周扒皮的地主每天半夜里学鸡叫，然后把刚刚入睡的长工们喊起来下地干活。日子一长，长工们对鸡叫得这样早产生了怀疑。一天深夜，小长工高玉宝为了弄明白此事，独自一人躲在大车后边观察院内动静。不一会儿，只见周扒皮悄悄地来到鸡窝跟前，伸长脖子学鸡叫，随后又用棍子不停地捅鸡窝，直到公鸡一个接一个地都叫了起来，他才离去。

第二天上工时，高玉宝把他在夜里看到的情况都一五一十地告诉了长工们，大家听了非常气愤，纷纷放下手里的活，都到地里睡觉去了。天亮后，周扒皮来到地里，看见长工们都在睡觉，他举起棍子又骂又打。长工们不甘心受压迫，于是他们想出了个对付周扒皮的办法：那天夜里，正当周扒皮趴在鸡窝前学鸡叫的时候，躲在暗处的高玉宝大喊："捉贼啊！捉贼啊！贼来偷鸡啦！"早已准备好的长工们一拥而上，对着周扒皮一阵乱打，一边打还一边喊："谁叫你偷东家的鸡！谁叫你偷东家的鸡！"这时周扒皮的老婆闻声赶来，告诉大家被打的是老东家，大家这才住手，并故意表现出惊讶的样子说："原来是老东家啊，这深更半夜的老东家跑到鸡窝这儿来干什么啊？"周扒皮的老婆无可奈何地扶着狼狈不堪的周扒皮回到屋里去，长工们见状都高兴得大笑起来。

案例描述

一位从中国来美国探亲的季老师应邀来到附近一所小学给正在学习中文的孩子们讲中国故事。季老师在中文课堂上有声有色地讲在中国家喻户晓的《半夜鸡叫》的故事。她一会儿抑扬顿挫地讲着故事，一会儿又学鸡叫声，一会儿又模仿着高玉宝的童声，自己完全沉浸在故事的情节中。一个人的单口故事，却像一台角色剧，声情并茂，好不热闹。原以为这些孩子们会聚精会神地被她的故事所打动，深深吸引，讲完后会饶有兴趣地问她许多问题。这对季老师来说当然都不在话下，一定有问必答，因为季老师在讲课之前早已经做足了准备工作，设想了学生可能会提出的各种各样的有趣问题，并为这些假想题一一备好了答案。然而出乎她预料的是，《半夜鸡叫》的故事还没讲完，孩子们就坐不住了，七嘴八舌地议论起来，还有好几个学生高高地举起双手，争先恐后地提问题。季老师高高兴兴地让举手的孩子站起来，大声地提问。谁曾想，这些孩子们的问题竟把季老师给难住了，一时间哑口无言，无从回答孩子们的问题。那么这些孩子到底问了什么问题呢？

一位黑皮肤的男孩站起来大声抗议说《半夜鸡叫》的故事不真实，半夜里鸡怎么会叫呢？这时，另一个女孩子也提出异议："这个故事很荒唐，半夜里黑黑的天黑黑的地，伸手不见五指，怎么能下田干活呢？那还不把庄稼都弄死了吗？"还有一个男孩子说："故事里的周扒皮不守信用，不诚实，一个男子汉，怎么能学公鸡叫呢？"班上还有一个女孩子说，那周扒皮多辛苦呀，他怎么不买个闹钟啊，那长工也真是的，还得让人叫才起床。

季老师连忙解释说，其实这个故事很真实。高玉宝写的就是他自己亲身经历过的事情。他从小当长工，没有上过一天学，连字都不会写。听了季老师的话，美国学生们又嚷开了："没有上过学，不会写字，怎么能写小说呢？不可思议，

不可思议，太不可思议了！"李老师告诉他们："高玉宝的小说，是别人帮助他写的，发表时，只署了高玉宝的名字。"听了这话，学生们都坐不住了，七嘴八舌、你一言我一语地大声嚷嚷起来："周扒皮不诚实，高玉宝也不诚实，别人帮他写小说，怎么只署自己一个人的名字呢？太不公平了！"

季老师见学生们争论得面红耳赤，加之自己的英文不灵，局面有点儿失控，最终因完全无法回答美国小学生的问题而哑口无言，匆匆结束了这堂"热闹"的故事课。

案例分析

美国小学生听了周扒皮的故事后的反应完全出乎中国老师的意料，这和中国国内小学生对这个故事信以为真的态度相比，可谓天壤之别。

《半夜鸡叫》在中国曾作为中学教科书的课文使用，却从来没有学生对这个故事有过质疑。但为什么美国一年级的小学生刚听到这个故事就能对《半夜鸡叫》中不合理的情节提出疑问？因为中国学生从小接受的就是"标准答案"式的教育，能不能背好"标准答案"成了衡量学业和是否是"好学生"的标准，所以很少有学生对"标准答案"本身提出质疑。而美国孩子的表现充分反映了美国教育注重培养学生的独立思考、质疑精神、发散性思维和批判性思维的能力，这是一个人乃至一个国家创造力的源泉。

还有一点，就是虽然很多人没有见过真正的地主，但头脑中却早已被强加了"地主是不好的，是欺负农民的坏人"这样的观念，先入为主的想法使人们觉得周扒皮就是那么坏，什么坏事都能干出来，至于"坏事"本身是否符合基本的常理就不在考虑范围之内了。

既然外国学生对《半夜鸡叫》的故事有如此多的想法，是不是就不应该给他们讲这样的故事呢？其实也不尽然。长时间流传下来的民间故事其实也是中国传统文化的一部分，把这部分资源加入到海外汉语教学资源中去，有助于学生人格的健康发展。教师应该充分认识这些民间故事在海外汉语课程资源中的价值，积极地加以引导利用，并尽量从一开始就告诉学生这是一个编纂的故事，并不具备真实性，让学生有一个心理准备，这样才能让诸如《半夜鸡叫》这样的民间故事为海外汉语教育服务。

39 教师称呼、夸赞学生也有讲究吗?

案例背景

美的语言不仅会给学生以美的享受,更会激起学生无限奋进的动力,不断尝试成功的喜悦,从而使学生树立自信,增强学习兴趣。美的语言也是拉近师生之间距离的、进行心与心沟通的桥梁,有利于学生健康、活泼地发展。教师善于使用鼓励性的、美的语言,也会使教学收到意想不到的效果。教师对学生的称呼在课堂教学活动中也有着重要的作用。人际交往讲究礼貌友好、平等待人,而称呼是人际交往的起点,称呼别人的方式往往反映了你对这个人的态度。教师怎样称呼学生反映着教师的思想水准、道德修养。礼貌得体的称呼语往往可以调动学生的积极情绪,调控学生的不良情绪。一个得体的称呼能起到沟通师生感情、融洽师生关系、增强教育教学效果的作用。

怎样建立一种民主、和谐的课堂氛围?怎样激活课堂,使课堂气氛热烈、活跃?怎样关注学生在学习中的情感、态度,调动他们全体参与的积极性?怎样使评价简便、易行、周期短、见效快,学生又易于接受?每位教师都能根据自己的经验找到适合于自己的途径。老师对学生恰到好处的肯定与赞扬会让人听了特别舒服,觉得非常亲切自然。每个被赞美的孩子会表现出发自内心的喜悦,掩饰不住的自豪和发自心灵的震撼,学生的心真的会被"感动"。很多在北美任教的老师都深有体会,美国的学生都要以鼓励赞扬为主,尽量少批评,他们在课堂中需要的是实实在在、具有实效性的鼓励和赞美。学生需要的就是教师所要努力的。虽然是一个陌生的老师对着一群陌生的学生,却让人感觉不到"生",仿佛他们已经认识了好几年,课堂气氛自然和谐,这一切都源于教师对美的语言的运用。

案例描述

1. 开学第一天，在国际学校中文沉浸班教授幼儿园孩子的钟老师早早来到学校，站在教室门口高高兴兴地迎接家长们送孩子来上学。第一个来到教室的是一位金发碧眼、漂亮精致、五官极具立体感的五岁小姑娘Linda，是由她爸爸送来上课的。Linda一见到钟老师，马上笑逐颜开，很有礼貌地跟钟老师打招呼："Good morning, Ms. Zhong."钟老师一眼见到Linda，也热情地前去打招呼，并对她的父亲说："啊，Linda长得太漂亮了，真聪明。你们家长有这么聪明漂亮的孩子，真是太幸福，太幸运了。"

第二天，钟老师就收到了Linda的父母联名写给她、让她向Linda道歉的邮件，并抄送给了校长。钟老师顿时有点懵了。她纳闷地想："为什么要道歉？我说错什么了？"Linda的父母在邮件中说："尊敬的Ms. Zhong，对于昨天早上您对Linda聪明漂亮的夸赞，我们本应向您表示感谢，但我们认为您这样夸赞她是不对的，您伤害了我们的女儿。漂亮和聪明这件事不是她的功劳，更不是她通过自己的努力得来的，而是家长遗传给她的，与她个人基本上没有关系。但孩子还很小，不会分辨，您的夸奖就会让她认为这是她的本领。而且她一旦认为天生的漂亮是值得骄傲的资本，认为自己天生就比别人优越，就会看不起长相平平甚至丑陋的孩子，这就给她造成了误区，这种心理对孩子的成长不利。作为家长，我们不想让孩子从小因为长得好看乖巧而被赞美，这对她没有好处。其实，如果您真要赞美Linda，请赞美她长相和聪明以外的东西，比如您可以夸奖她的微笑和有礼貌、她的行为礼仪、她的学习态度和学习的进步、她与班上其他小朋友团结友爱的相处方式，等等，因为这些都是她自己努力的结果。"钟老师后来在一次学校组织的、由全体学生和家长参加的活动上，当着校长和Linda父母的面，郑重地向Linda道了歉。事后，当钟老师跟其他外派访问教师提起这件事情时，大家都非常惊奇，认为这种夸奖是中国父母最喜欢的，可为什么外国家长却不领情呢？

2. 国内派来的志愿者教师大都是非常年轻的90后，他们在语言上都表现得非常与时俱进。一天，具有教师执照的本土教师严老师坐在教室后面听其助教——国内派来的志愿者薛老师给学生上汉语辅导课。严老师发现，薛老师叫学生发言时，并不直呼学生姓名，而是把所有女学生都称呼为"小美女"，男学生都称为"小帅哥"。课后严老师语重心长地对薛老师说："我知道，虽然'美女''帅哥'在国内目前很流行，是性别的代称，但我觉得这样称呼学生可能会让学生日后明白'美女''帅哥'是什么意思时感受到教师用词的不真诚、不严谨；特别是当教师只称呼容貌姣好的女生'小美女'，阳光俊气的男生'小帅哥'时，一方面伤害了得不到'小美女'称号的女生及得不到'小帅哥'称号的男生，另一方面，对长相漂亮的女生和长相俊气的男生可能会有'因为长得好看就可以得到偏爱'的误导。因此，'小美女''小帅哥'这样的称呼，容易误伤或者误导学生。"

3. 随着中国国内淘宝体"亲"的出现，一些来自中国的教师在给学生发邮件时也时髦地称呼学生为"亲"，有的甚至还写进期末的班主任评语或者任课教师寄语中。流行的，一定就是合适的吗？教师不是学生的亲人、保姆或者邻居家的阿姨，不适合过分亲昵地称呼学生为"亲"。教师不是淘宝店的掌柜，学生也不是买家，"亲"这个称谓并不得体。

案例分析

在国外，多数受过良好教育的家长都认为，漂亮不是孩子的功劳，容貌取决于父母的遗传基因，孩子一旦认为漂亮是值得骄傲的资本，就会看不起长相平平、甚至丑陋的孩子，以致进入误区。所以教师应该赞赏孩子的努力，而不该赞赏孩子聪明与漂亮。聪明与漂亮是先天的优势，不值得炫耀，努力是后天的，应该予以肯定。教师要让学生知道，在人生旅程中，努力不一定成功，但成功永远需要努力。孩子的容貌不能决定孩子的一生，努力才是决定孩子今后生存状态的重要因素。那些经常被称赞为聪明的孩子，往往视分数为聪明的同义词，把分数看得比什么都重要，一遇挫折容易灰心，且不愿、也不敢接受新的挑战；而那些被夸奖为努力的孩子，则更愿意做出新的大胆尝试，并尽最大努力做好。

心理学研究表明：从小被夸奖聪明的孩子，在成长过程中会表现出强烈的与他人竞争的意识。同时，他们也更容易在面对困难的时候不接受任何挑战。原因是孩子们因害怕失败了，别人会怀疑自己不聪明。选择不尝试可以给自己留一条退路。而从小接受"对事不对人"夸奖的孩子，会对自己的进步更感兴趣，同时也更愿意挑战自己。这些孩子承受能力更强，情绪也不会轻易受到影响。研究人员还发现，当成功时，因智力受到夸奖的孩子认为自己获得成功完全是因为天生聪明，他们容易将失败归咎于不够聪明。不过，当那些因努力学习而受到夸奖的孩子失败时，他们认为是自己不够努力而造成的，这类学生更有可能"振作精神，继续努力"。

国内来的教师可能会认为把学生称为"美女""帅哥""亲"可以拉近师生间的距离，让学生觉得老师有亲近感。要知道，教师是教导学生知识、陪伴学生成长的专业人士。在家里有各种乳名、小名、昵称的孩子，都有自己的学名。教师以学生的学名称呼学生，最为自然大方。因此，在称呼学生的时候，教师可以省略他们的姓氏。比如，"马琳达"可以只称呼为"琳达"；"李明"这样的单名，可以加个"小"字称为"小明"。至于对学生群体的称呼，小学低年级可以是"小朋友"，高年级则是"同学们"。如果需要按性别分开称呼，可以是"女孩子们"和"男孩子们"，或者是"女生"和"男生"。教师对学生的称呼，应该庄重、雅致，而不媚俗。在夸赞学生时，教师应做到：夸具体不夸全部，夸努力不夸聪明，夸事实不夸人格。

40 教师如何避免使用歧视性语言？

案例背景

从美洲大陆的发现到美国作为一个独立国家的建立，从早期移民对新世界的探索到今天，种族歧视问题一直是美国社会的突出问题。只有政治、经济和文化等制度方面真正改善，才能消除种族歧视，使各民族、各种族取得平等权利。

美国是一个典型的多种族、多民族的国家。建国以来汇集了来自世界各地多种族的人。最新统计显示，美国现有人口3亿多，其中白人占大多数，有1.8亿，约占美国总人口的63%。这些人的老家多为欧洲，也有少数人或其祖上从北非、中东移民而来。自美国建国以来，这些人就是美国社会的主体。排在白人后面的族裔依次为西班牙裔、美籍非洲黑色人种、亚裔、印第安人与阿拉斯加原住民、夏威夷土著与其他太平洋岛民等，他们可以称为美国的"少数民族"。长久以来，虽然各族人民在美国社会发展中做出了自己的贡献，然而，美国社会却没有像其宪法所宣扬的那样"人人生而平等"，都能享有自由、民主、平等的权利。直到今天，种族歧视依然是美国社会根深蒂固的问题。在言必称人权的当代社会，种族歧视问题不容忽视。

很多中国人以为，美国人的言论是很自由的，尤其是美国教师，讲课当然也不会受限制。其实不然，美国教师讲课也是有许多禁忌的，有些话题是不能触碰的。如果一不小心触碰了，弄不好会丢了饭碗，甚至还会吃官司。

案例描述

一天，一位来自中国、在一所中学教授中文的尹老师在课堂上讲完课后，为了调节并活跃课堂气氛，加入了一些角色剧表演和竞技类游戏活动。她把班上十几名同学分成了两大组，分别用红色和黑色代表。在宣布游戏规则时，尹老师告诉两队的学生说，表现得好、没犯规的队就用红色的字给分数，犯规或表现不好的队就用黑色的字表示惩罚。教师在宣布这项游戏规则时并没有在意，觉得用两种颜色分别给两个表现不一样的队打分理所当然，并无不妥。但是第二天，尹老师一到学校还没进教室，就接到学校相关部门的通知，告知其被学生和家长以种族歧视的原因投诉。学校相关部门表示，尹老师在课上使用黑色表示惩罚，体现了对黑色人种的歧视，需要对其所教班级的黑人学生及其家长道歉。尹老师虽然觉得很委屈，但为了顾全大局，还是当着全班同学的面深刻致歉，而且还给每个黑人学生的家长发了一封致歉信。

案例分析

在美国的课堂上，教师讲到涉及种族的话题要格外小心。美国是个移民国家，各种肤色的种族都有。种族的话题在美国是相当严肃的，毕竟在美国的历史上，种族歧视曾经相当泛滥，尤其是对于黑皮肤的非裔来说，因为曾经遭受过白人多年奴役，甚至丧失了做人的起码权利，因此教师在美国课堂上讲课的时候，涉及这个话题一定要多加小心，慎之又慎。为了减少肤色之间的矛盾和冲突，教师在课堂上千万不能随意讲任何的牵涉肤色的问题，这个过去教师讲课的潜规则，现在已被明确地写进了讲课规范里。当然对于这个规定，学生也是必须遵守的。作为老师，更不应该针对某一个民族或者是某一个肤色的同学进行语言上的侮辱和攻击，甚至"微冒犯"[1]。如果违反了这个规定，往往会引起抗议的风潮，责任人也会受到严肃处理。案例中尹老师的做法虽然算不上是对非裔美国人或其他黑肤色人种的侮辱和攻击，但她的做法却可以称得上是"微冒犯"。

从中国来的中文教师在第一天开始上课时往往都习惯地问学生："你是哪里人？"或者"你是在哪里出生的？"（暗示："你不是真正的美国人"）"你是美国出生的ABC还是移民？"（暗示："你跟白人学生不一样"）"你父母是做什么工作的？"（暗示："你的学习态度和成绩的好坏跟你的出身不无关系"）。另外，教师在课上课下最好不要对亚洲人说"你的数学一定很好"或是对有色皮肤的女性说"真不敢相信你是一位科学家/校长/教务长"一类的话。教师们初到美国后的一些细微的动作会被视为"微冒犯"，比如在街上看到黑人下意识地抓紧钱包（暗示："小偷一定都是黑人"）。如果班上的黑人学生按时上课，不迟到，不早退，按时交作业，测验考试成绩优异，老师就会在班上大肆夸张地夸赞、表扬（暗示："你真是黑人学生中的另类，佼佼者，一般黑人都不这么努力，成绩都不这么好"）。其实所有这些"微冒犯"都在不同程度上体现了种族或性别上的歧视。

除了种族与性别歧视是美国教师的禁忌外，还有一个就是不能歧视同性恋者。或许你并不是一个支持同性恋者的教师，可是你不能在公开的场合里或课堂上表达你对同性恋者的不满，这是十分不理智的。虽然每一个人都有自己的性取向，但是，作为一个教书育人者，还是必须有一颗公平待人的心。因此，如果你得知某个学生是位同性恋者，你也不能表现得看不起这位学生，或者是去侮辱攻

---

1. "微冒犯"一词产生于20世纪70年代，由当时哈佛大学心理系教授切斯特·皮尔斯糅合micro和aggression两词而成，指在日常语言、肢体语言，或者其他环境中对特定对象存在有意或者无意的轻视、怠慢、诋毁和侮辱等负面影响。和普通的歧视行为不同的是，"微冒犯"没有很明显的攻击意味，大多是日常中的习惯用语或行为。很可能有时我们并没有意识到我们的言语和行为对别人造成了怎样的影响。

击这位同学，甚至是对他有不公平的对待等。这都是十分危险的，一旦有人把你揭发了，那么你的教学生涯也就结束了。

还有一种就是年龄歧视的话题。美国的高校，可以允许八九十岁的老者免费去选修大学课程甚至攻读学士、硕士或博士学位，只要他想要进入大学，而且已经被批准进入了大学，那么他就有和年轻人一样的学习权利。但是对于给这些学生上课的教师来讲，可不能因为学生有年龄的差距而去轻视某个学生。如果在大学课堂上，一些年纪大的学生由于理解力差等原因跟不上，教授或讲师绝不能训斥，更不能责备。如果教授或讲师说了或暗示一些诸如"你年龄这么大了，理解力怎么这么差"之类的话，一旦被同学举报了，将会受到严厉的惩罚。

还有一个禁忌话题就是对于残障者的。身体的缺陷是谁也不愿意得到的，既然事实上已经这样了，只好坦然接受。对于残障者个人来讲，要如此；对于残障者的教师来讲，更应该如此。当然，如果是有智障或者是残障的同学，家长可以提前向教师说明，对于这部分同学来讲，教师可以适当地多给他们一些辅导或帮助，但事先也要征得残障学生的同意，否则也有不尊重之嫌。需要强调的是，对残障学生的学业标准是不能降低的。

当然，在美国当教师的禁忌话题并不是只有以上几种，还有很多。例如，宗教信仰、政治观点、堕胎问题等。在美国，大家的宗教信仰是自由选择的，教师也没有权利去干涉，不能说你自己是基督教徒，你就得让自己教的学生都是基督教徒，这是不能强加于人的。在政治观点方面，你无论支持哪个政党，或者是讨厌哪个候选人，你都不应该在课堂上随便地去评价，这其实是与教师的职业道德相违背的。还有值得一提的是，美国教师不能讲脏话。无论什么原因，教师讲脏话或者教学生说脏话都是不被允许的。

对于以上几个大方面的禁忌，每一位教师都要遵守。教师所要做的就是要对学生公平对待，一视同仁。当然，不管你是新上讲台的教师，还是已经教课很多年的教师，对于这些都是必须遵守的。教师可以在课堂上讨论一些学术话题，或者是发表你个人的某些学术观点,但是必须注意用词,绝对不能用带有任何引起歧视误会的字眼。既然如此敏感,最好是不要讲。所以,美国的教师都有一种在禁忌话题上紧闭其口的特殊能力。他们一般不会在他人面前谈论自己的学生,更不可能把自己学生的资料公布给其他人。即使是学生的家长来问学生的成绩,老师也不会轻易把成绩告诉家长,除非学生本人同意。

美国一份消除偏见的培训材料上讲述了这样一个故事:一个女孩和她的父亲不幸遇上了车祸。女孩伤势较重,急送医院动手术。主刀医生一看到女孩,马上说:"不,我不能主刀,她是我的女儿。"

怎么回事?女孩有两个父亲?一个是继父?还是干爹?如果你脑子仍然没有"急转弯",那就说明,你的脑中存在偏见的言辞(biased language),比如:一提到主刀医生,就想到那是男医生。实际上很简单,主刀医生是女医生,是女孩的母亲。

在美国,如果私下里说了带偏见的言辞,通常不会有什么问题。但是,在公众场合,比如学校、课堂、餐厅、办公室,就会惹麻烦了。因为,偏见蕴含着歧视,而歧视是美国的大忌,是会惹上官司的。在美国,人们都被告诫,时时要牢记"政治正确"(politically correct 或 political correctness)。简称PC。在美国,若有人请你注意PC,不是指个人电脑,而是指政治正确,其基本原则是:对那些具有某些不利之处(disadvantage)的群体,要避免使用可能冒犯人的或是使人不快的言行。

美国从1991年开始,因媒体的使用,"政治正确"一词得以广泛传播。在美国,弱势群体是绝对不可歧视的。涉嫌歧视弱势群体的词语,都是被禁止的。这些词语大体分以下几类:

其一,性别禁忌。

主要是对女性的歧视。许多词,带有男性(man),若遵循"政治正确"

原则，就得避免使用。比如：警察，不说policeman，得说police officer；销售员，不说salesman，得说salesperson；家庭主妇，不说housewife，得说homemaker；主席、系主任等，不说chairman，得说chairperson，甚至简化成chair；消防员，不说fireman，得说fire fighter，意思是：与火战斗的人。

媒体文章、政府文件，在泛指单数第三人称时，都得"两头不得罪"，得用 he/she，his/her（他/她，他的/她的）。这实在太烦了。所以，老师都鼓励学生写作业时，尽量用复数，那就可以用they、their（他们、他们的）了。

其二，种族禁忌。

主要是对少数族裔的歧视，尤其是对黑人的歧视。negro，绝对不能用。前不久，福克斯新闻的主播在节目中用了Chinamen一词，结果引起美国华人的抗议。因为，该词相当于"中国佬"。

其三，宗教禁忌。

在美国，任何宗教都是平等的，因而有意或无意地赞赏或批评某一宗教，都属于禁忌。比如，在圣诞节的时候，注意"政治正确"的人，特别是领导等，祝贺问候时，通常不用"圣诞快乐"（Merry Christmas），而用"节日快乐"（Happy holiday），因为不是每个人都信仰耶稣的。同样道理，"Oh my god"或"jesus"，本来用于表示感叹等情感，也要避免。现在，通常用 My goodness!

其四，残障禁忌。

残障分两种，第一种，属于身体方面的残障。中国人过去用"残废"一词，比如"残废军人"，残了，也就废了。英文以前用crippled，表示伤残。后来改成handicapped，但基本意思仍是"残障的"。现今，通用的是disabled。

abled，健全的，加前缀dis，表示否定，意思是"不健全的"，听上去比"残障的"顺耳。也有人提出，要用physically challenged，中文直译的意思是：身体上受到挑战的。

若纯粹是外形问题，如：肥胖，不能说fat，得说person of size（有规格的人）。也有人提出，要用horizontally challenged（横向受到挑战的）。同样的表达方法，矮子，不能说midget，要说vertically challenged（竖向受到挑战的）。

第二种，属于智力方面的残障。比如，说到数门功课都是红灯的差生，不能说 stupid（傻瓜），retarded（迟钝的），或ignorant（无知的），得说mentally challenged（智力上受到挑战的）。也可用intellectual disability（智力障碍）。通常指IQ（智商）不到70。

参考文献

◆ ——. 对翻转课堂的再认识[EB/OL]. (2016-06-19). http://www.fzkt.com/ask?id=751.

◆ ——. 给老师送礼，中美讲究有何不同？[EB/OL]. http://m.sohu.com/n/420787572/

◆ ——. 给美国学生讲"半夜鸡叫"的故事，结果太让人震惊了[EB/OL]. (2016-10-26). http://cul.sohu.com/20161026/n471445531.shtml.

◆ ——. 交际能力培养与海外中小学汉语课程教学设计[EB/OL]. (2016-06-14). http://www.cim.chinesecio.com/hbcms/f/article/info?id=f77210e02187498aafafd9bd1e736f50.

◆ ——. 教师礼仪案例分析[EB/OL]. http://www.doc88.com/p-9903661153920.html.

◆ ——. 节日到，美国家长给老师送礼吗？[EB/OL](2015-01-12): http://edu.people.com.cn/n/2015/0112/c1053-26365887.html.

◆ ——. 留美必知："祸从口出"在美国人人都得管好嘴巴[EB/OL].(2014-10-13).http://edu.163.com/14/1013/16/A8ET14TB00294IIH.html.

◆ ——. 留学生因威胁言论被送回，实因法律常识欠缺[EB/OL]. (2016-02-16). http://view.163.com/16/0216/18/BFVDE5QE00012Q9L.html?f=jsearch.

◆ ——. 美国：收礼"规矩"不超5美元[EB/OL]. (2015-09-01): http://www.eduwo.com/globalnews/73119.html.

◆ ——. 美国国家科学教育标准简介[EB/OL]. http://old.hssyxx.com/zhsj/kexue-2/co3-1/02/006.htm.

- ——. 浅析对外汉语教师课堂礼仪[EB/OL]. http://www.docin.com/p-664730248.html.

- ——. 如何处理课堂违规的学生？[EB/OL]. (2015-03-25). http://www.hwjyw.com/resource/content/2015/03/25/31545.shtml.

- ——. 我在英国教汉语那些事儿[J]. 新东方英语，2016, 01.

- ——. 中外教育的对比——美国和中国老师讲灰姑娘的故事[EB/OL]. (2016-07-02). http://sanwen8.cn/p/2c20SgE.html.

- 陈靖榕. 你数学真好：美国校园里的种族歧视"进化"！[N]. 澎湃新闻，2015-06-17.

- 程方平. 美国的教师、家长及其相互关系[J]. 教育理论与实践，1999(10): 50-53.

- 邓世鹏. 美国中小学课堂管理方法的分析及启示[J]. 湘潭工学院学报（社会科学版），2003.

- 杜英芳. 家长不是敌人——对美国教师"家长-教师沟通的十条建议"的评介[J]. 教育科学，2011(07): 76-78.

- 韩洁. 中美小学课堂管理文化比较研究[EB/OL].(2016-07-04).http://www.mianfeiwendang.com/doc/a8d1aa832edc33ddc755d85c.

- 韩霞. 汉语文化背景下的对外汉语体验式教学模式探究[J]. 浙江传媒学院学报，2014, 05.

- 胡勇. 浅谈教师的课堂教学礼仪[J].科教文汇（下旬刊），2013, 10.

- 孔伟英. 教师课堂礼仪[EB/OL]. (2001-12-19). http://wenku.baidu.com/link?url=uBZn7bBNT5YV3uBeZq1f5cx4PFYswaX3u4ZHOcmv_xqEi2xOwJhhVuLu0f-AeQ3sJKKtESqzAFhsJ4RQVwn0LfqbVAGQrevR55owr_RyjWK.

- 李珊. 教育当放花千树——感受美国开放教育理念[J]. 湖南教育：D版，2016, 08.

- 李思超. 要变"一桶水"为"长流水"[N]. 中国教育报，2016-11-2(09).

- 梁章喜，刘俊提. 美国中小学教师如何与学生家长交流和沟通[J]. 教育实践与研究，2003, 9: 11-12.

- 刘菲. 对"孔融让梨"的不同理解[N]. 人民日报（海外版），2013-11-11(05).

- 刘延东. 携手并肩开创孔子学院发展新局面[R].昆明，2016.

- 罗晓杰，孙琳. 偏误理论与二语习得[J]. 外语学刊，2003年，113(2).

- 吕必松. 关于教学内容与教学方法问题的思考[J]. 语言教学与研究，1990(2).

- 戚志伟. 教师礼仪案例[EB/OL]. (2012-04-05). http://wenku.baidu.com/link?url=VKZVQnyDZiW5TsthXG2Uru-U_aRwI8QSf2kqfCfzTPc5NRL_9hh8a83w8oJVwewjIKl1hmvXglItMoq8ucOkVpzI3DdxUbTcRkinqAfh4P7.

- 邵怀领. 西方小学教师奖励学生方法摭谈[J]. 教学与管理小学版，2008(26)：63-64.

- 王丹萍. 对外汉语教学的媒介语问题[J]. 中国语文通讯，2012, 91(07): 83-88.

- 王红，赵蔚，孙立会，刘红霞. 翻转课堂教学模型的设计——基于国内外典型案例分析[J]. 现代教育技术，2013, 08.

- 王宏霞. 中西方课堂教学差异的文化探源[D]. 上海：华东师范大学.

- 王文. 零距离美国课堂[M]. 北京：中国轻工业出版社，2010.

- 王彦. 对外汉语教师如何回应教学中的敏感话题？——兼谈对外汉语教师的文化中介能力[EB/OL]. (2015-06-03): http://blog.sina.com.cn/s/blog_677dd97f0102vqjt.html.

- 吴艳. 为质疑而教——中美课堂教学的比较及其思考[J]. 外国中小学教育，2012, 05: 57-62.

- 小丸子. 我在英国教汉语那些事儿[J]. 新东方英语，2016, 01.

- 闫顺丽. 浅谈小学语文教学中的故事教学法[J]. 亚太教育，2016, 08.

- 颜湘茹，廖晶琰. 汉语课堂管理中奖惩案例分析[J]. 海外华语教育，2015, 76(03): 376-387.

- 元华. 论汉语国际教学中的"敏感话题"及其应对策略[J]. 北京师范大学学报（社会科学版）2013, 236: 45-52.

- 张义萱. 论对外汉语教师课堂教学礼仪[J]. 剑南文学：下半月，2011, 9.

- 赵萱. 语言文化教学研究：国内外现状[J]. 现代基础教育研究，2013, 09.

- 赵子彦. 对外汉语本科生教学实习中存在的问题与教学能力提高策略[J]. 学周刊，2014, 34: 19-20.

◆ 朱志平. 区域化汉语国际教育中教学设计的通则[J]. 云南师范大学学报，2011.01.

◆ Annette L. Breaux. 给教师的101条建议[M]. 北京：中国青年出版社，2013.

◆ Breaux, Elizabeth & Breaux, Annette. 好老师应对课堂挑战的25个方法[M]. 北京：中国青年出版社，2013.

◆ Bryan Harris. 快速改善课堂纪律的75个方法[M]. 北京：中国青年出版社，2014.

◆ C.M. Evertson & E.T. Emmer. 小学教师课堂管理[M]. 重庆：重庆大学出版社，2014.

◆ E.T. Emmer & C.M. Evertson. 中学教师课堂管理[M]. 重庆：重庆大学出版社，2014.

◆ H.Curtain & C.A.Dahlberg. 语言与儿童——美国中小学外语课堂教学指南[M]. 北京：外语教学与研究出版社，2011.

◆ Larry J. Koenig. 课堂纪律问题：预防与对应[M]. 北京：中国轻工业出版社，2008.

◆ Parkay, Forrest W. & Stanford, Beverly Hardcastle. 如何成为优秀的教师[M]. 北京：中国人民大学出版社，2014.

◆ Randall Sprick. 高中课堂管理：行为管理的策略[M]. 北京：中国青年出版社，2011.

◆ Rich Smith. 破解优质教学的课堂管理之谜[M]. 北京：北京轻工业出版社，2010.

- Rogers, Bill. 课堂管理的有效策略[M]. 北京：中国轻工业出版社，2011.

- Ronald A. Beghetto. James C. Kaufman. 培养学生的创造力[M]. 上海：华东师范大学出版社，2013.

- V. E. Jones & L. S. Jones. Comprehensive Classroom Management: Creating Communities of Support and Solving Problems: 7th Edition[M]. Boston, MA: Allyn and Bacon, 2004.

- Victor Siye Bao. 为师有道：对外汉语教师修炼指南[M]. 北京：北京大学出版社，2014.